Nancy Colier

Die Self-Care-Lüge

Nancy Colier

DIE SELF-CARE-LÜGE

Warum ein Schaumbad keine Lösung für deine emotionale Erschöpfung ist und wie du bekommst, was du wirklich brauchst

Aus dem Englischen übersetzt
von Imke Brodersen

VAK Verlags GmbH
Kirchzarten bei Freiburg

Titel der Originalausgabe: *The Emotionally Exhausted Woman,*
erschienen bei New Harbinger Publications, Inc.
ISBN der Originalausgabe: 978-1-64848015-7

Hinweise des Verlags
Dieses Buch dient der Information über Möglichkeiten der Gesundheitsvorsorge. Wer sie anwendet, tut dies in eigener Verantwortung. Autorin und Verlag beabsichtigen nicht, Diagnosen zu stellen oder Therapieempfehlungen zu geben. Die hier vorgestellten Vorgehensweisen sind nicht als Ersatz für professionelle Behandlung bei ernsthaften Beschwerden zu verstehen.

Bibliografische Information der Deutschen Nationalbibliothek
Die Deutsche Nationalbibliothek verzeichnet diese Publikation in der Deutschen Nationalbibliografie; detaillierte bibliografische Daten sind im Internet abrufbar über: http://dnb.d-nb.de

VAK Verlags GmbH
Eschbachstraße 5
79199 Kirchzarten
Deutschland
www.vakverlag.de

Übersetzung: Imke Brodersen
Lektorat: Nadine Britsch
Layout: Richard Kiefer
Umschlag: Kathrin Steigerwald, Hamburg
Satz: Ulrich Schmid, de·te·pe, Aalen
Druck: CPI books GmbH, Leck
Printed in Germany
ISBN: 978-3-86731-263-9

Inhalt

Für Juliet, Gretchen und Frederic

EINLEITUNG

Wer kümmert sich um dich?

„Und wer kümmert sich um dich?“ Mit dieser einen Frage bringe ich mehr Frauen zum Weinen als mit jeder anderen. Nach den Tränen lautet die Antwort normalerweise: „Niemand.“

Hast du hin und wieder den Eindruck, dass niemand dich umsorgt? Oder gar, was womöglich noch wichtiger ist, dass auch du selbst nicht dazu kommst, zumindest nicht ausreichend? Diesen Zustand beschreiben Frauen unabhängig von Status, Einkommen, Bildungshorizont und ethnischer Herkunft: „Es ist, als hätte ich eine Nabelschnur, in der das Blut nur in eine Richtung fließt: nach außen.“ Ein Leben lang kümmern wir uns um die Bedürfnisse aller anderen, spielen unsere Rollen als Umsorgerin für alle Welt, als *braves Mädchen*, aber häufig geht das auf Kosten unserer eigenen Bedürfnisse.

Bist du diejenige, die jederzeit einspringt, die Bedürfnisse anderer erahnt und erfüllt, die emotionale Belastung schultert, die emotional, körperlich und seelisch rückhaltlos alles gibt? Stellst du dabei die eigenen Bedürfnisse hintenan und wendest dich so von etwas Authentischem und Lebenswichtigem in dir selbst ab? Lebst du auf eine Weise, in der es in erster Linie darum geht, gemocht zu werden? Damit ignorierst du letztlich dein Wesen und das, was du brauchst, um ganz und gar du selbst zu sein.

Sich der eigenen emotionalen Erschöpfung bewusst zu werden, kann lange dauern, und bis es so weit ist, hast du möglicherweise verschiedene Strategien entwickelt, um damit fertig zu werden oder dich so zu betäuben, dass du sie nicht wahrnehmen musst. Vielleicht hast du sogar auf einer gewissen Ebene akzeptiert, dass deine Bedürfnisse nicht erfüllt werden und du nicht auf befriedigende Weise *du selbst* sein kannst. Weil dies offenbar nun einmal so ist.

Doch was sind das für ungestillte Bedürfnisse? Was ist es, das wir nicht bekommen, wenn es am Ende in chronischer Erschöpfung mündet? Frauen haben individuell ganz unterschiedliche Wünsche und Träume, doch bestimmte Bedürfnisse führen, wenn sie unerfüllt bleiben, zu jenem emotionalen Ausbrennen und der Selbstentfremdung, die für so viele Frauen der Normalzustand ist.

Unabhängig von Geschlecht, Rolle oder Identität eint uns Menschen das Verlangen, gesehen und wahrgenommen zu werden. Und zwar *nicht* nur für das, was wir tun und für andere leisten, sondern für unser ureigenes Wesen. Wir alle sehnen uns nach einem authentischen Leben, *nach Wahrhaftigkeit,* bei der das äußere Erleben dem inneren Erleben entspricht, nach einem Leben, das sich wirklich wie *unseres* anfühlt und unserer Wahrheit entspricht.

Am umfassendsten dabei ist wohl der menschliche Wunsch nach Liebe und Akzeptanz, ohne kritisiert und verurteilt zu werden, und damit der Inbegriff des Gefühls: „Jemand kümmert sich um mich." Eine solche Beziehung ersehnen wir uns nicht nur von anderen, sondern auch von uns selbst, und solange diese Bedürfnisse nicht (oder nicht ausreichend) gestillt sind, fühlen wir uns ausgelaugt. Ehe du dich auf diese Reise begibst, solltest du in dich hineinhorchen. Welche Sehnsucht, welcher Mangel, welcher Antrieb, welche Erfahrung oder welches Ausgebranntsein hat *dich* dazu veranlasst, dieses Buch in die Hand zu nehmen? Welcher beständige Hunger nagt an dir?

Manchmal erleben wir emotionale Erschöpfung als unvermeidbar und akut. Sie kann aber auch wie eine Tapete sein, ein diffuses Hintergrundrauschen aus Unzufriedenheit und Unerfülltsein, eine innere Leere. Vielleicht hast du Schwierigkeiten, deine Erschöpfung in Worte zu fassen, kannst sie aber dennoch spüren.

Für Lebenslust und Antriebskraft ist die emotionale Erschöpfung ebenso real wie eine körperliche Erschöpfung für den Leib, und sie manifestiert sich auf vielerlei Weise: Depressionen, Angst, Frustration, Hoffnungslosigkeit, Ärger, Fatigue, Sucht, Kopfschmerzen, chronische Schmerzen und Schlafstörungen – all das sind mögliche Ausdrucksweisen emotionaler Erschöpfung. Ehe wir neue Energie tanken und uns mit unserer elementaren Vitalität verbinden können, müssen wir die Ursache unserer Kraftlosigkeit verstehen. Ohne zu wissen, was zerbrochen ist, können wir es nicht reparieren. Erst wenn wir sehen, was uns dazwischenfunkt, können wir unsere wahre Stärke entdecken.

Dieses Buch entspringt meiner Neugier und meiner Besorgnis. Nach unzähligen Gesprächen mit Frauen und jahrzehntelanger therapeutischer Arbeit mit Klientinnen fragte ich mich: Warum beschreiben sich so viele Frauen als emotional erschöpft? Warum empfinden sich so viele Frauen als äußerlich nette Hüllen für etwas, das sie einst waren, oder für etwas, das sie nie waren, aber vielleicht sein könnten? Warum fühlen sich so viele Frauen von ihren wahren Bedürfnissen und ihrem wahren Sein abgeschnitten, ohne Verbindung zu einer tieferen Kraftquelle? Und noch wichtiger als diese Warum-Fragen ist: Was können wir dagegen tun? Wie können wir uns selbst wiederentdecken und den Funken der inneren Vitalität neu entzünden?

Das kulturelle Narrativ behauptet: Wir sind es wert. Unsere Bedürfnisse sind berechtigt. Und wir haben jedes Recht, uns ehrlich zu äußern. Oberflächlich betrachtet applaudiert die Gesellschaft der Vorstellung von Authentizität: *Sei mutig! Sei die, die du bist. Sei ganz du selbst!* Man ermuntert uns, unsere Einzigartigkeit zu zelebrieren, unsere Wahrheit auszusprechen, ganz und gar wir selbst zu sein. Zumindest an der Oberfläche. Auf einer tieferen Ebene jedoch steht diese Lebensweise in krassem Widerspruch zu dem, was uns auch beigebracht wurde.

Denn in Wahrheit stuft die Gesellschaft die Bedürfnisse von Frauen unablässig als nebensächlich und unwichtig ein, macht sich darüber lustig, drückt Frauen, die ihre Bedürfnisse offen kundtun, einen negativen Stempel auf und idealisiert all jene, die bescheiden und aufopfernd sind. So entwickeln wir eine Beziehung zu den eigenen Bedürfnissen, die diesen kritisch und ablehnend gegenübersteht. Bitte halte kurz inne und denke über dein Leben nach: Auf welche Weise wurde (und wird) das, was für dich wahr ist, von anderen vom Tisch gewischt? Inwiefern hast auch du selbst vielleicht Anteil an dieser Abwertung?

Allen Fortschritten am Arbeitsmarkt, in den Familien, auf sozialer und politischer Ebene zum Trotz glauben sehr viele Frauen noch immer, dass sie keine Bedürfnisse haben sollten. Höchstens ein paar kleine hier und da, aber nicht die ganz realen und schon gar nicht die lästigen, denn Bedürfnisse gelten nach wie vor als Schwäche, und zwar explizit als *unsere* Schwäche.

Dieses Buch soll dir helfen, deine Bedürfnisse wahrzunehmen. In erster Linie geht es jedoch um deine *Beziehung* zu deinen Bedürfnissen. Du wirst lernen, wie du von innen heraus für dich sorgen kannst, anstatt dies nur äußerlich zu demonstrieren. Du bekommst eine Anleitung, wie du einen Zustand der Vitalität und Authentizität in dir erzeugen kannst, ganz ohne Selbstoptimierung, Anti-Falten-Creme oder die Suche nach dem richtigen Partner. Ich möchte, dass du deinen Fokus verlagerst – weg von der Sorge für alle anderen, hin zu echter Selbstfürsorge –, aber auf eine brandneue Weise (die eben nicht bedeutet, sich gar nicht mehr um andere zu kümmern).

Es geht um einen radikal anders gearteten Ansatz, mit sich selbst umzugehen – unabhängig vom schnellen Glück, das die Wellnessprodukte der modernen Selbstoptimierungsindustrie versprechen, die uns keinen Schritt weiterbringen. Ich biete dir etwas Tiefgreifenderes, Verlässlicheres, das meiner Ansicht nach unendlich wirksamer ist. Allerdings muss ich dich warnen: Wenn du dich zu dieser Reise entschließt, solltest du darauf gefasst sein, dir selbst zu begegnen. Du wirst das Ich ausgraben, das sich unter all deinen Rollen verbirgt. Also rechne mit diesem Ich, das frei ist von all deinen Anpassungen den anderen zuliebe. Du musst dich auf Veränderungen gefasst machen

Ich möchte dir die nötigen Mittel und den Mut an die Hand geben, nicht nur *nett* zu sein, mehr zu sein als die Rollen, die du für andere spielst. Ich fordere dich heraus, deine persönliche Wahrheit nicht nur zu erkennen, sondern auch auszusprechen und zu leben. Ich helfe dir, herauszufinden, wer du wirklich bist – jenseits deiner Fähigkeit, liebenswert zu erscheinen.

Letztendlich geht es in diesem Buch darum, eine Frau zu werden, der es wichtiger ist, sich selbst zu mögen, als gemocht zu werden. Wenn du glaubst, dass du genau das willst und brauchst, und wenn du bereit bist, dich auf diesen Prozess einzulassen, wird der Zeitpunkt kommen, an dem du deinem eigenen Wissen vertrauen und fest zu dir selbst stehen kannst.

Insgesamt geht es bei dieser Lesereise um Bewusstsein. Im Laufe deiner Erkundungen wirst du erkennen, was du in Bezug auf dein Wesen als Frau für *wahr* hältst. Du wirst sehen, welche Grundüberzeugungen du im Hinblick auf deine eigenen Bedürfnisse hegst und welchen Konditionierungen du durch Gesellschaft, Familie, Erziehung, Medien und andere Einflüsse unterworfen warst, Konditionierungen, die dazu geführt haben, dass du Akzeptanz über Authentizität stellst. Du wirst erkennen, wie du gelernt hast, die Bedürfnisse anderer über deine eigenen zu stellen und dich selbst zu übersehen, um für andere anziehend zu erscheinen.

Beachte dabei, dass bereits das Beleuchten deiner Schattenseiten, die Erkenntnis, was in dir vorgeht, und das Aufsaugen der Botschaft dieses Buches zu deiner Arbeit zählt. Schon jetzt veränderst du dich.

Ich werde beschreiben, wie sich emotionale Erschöpfung anfühlt und wodurch sie entsteht. Ich öffne den *Käfig der Harmoniesucht*, jene Falle des unablässigen Bemühens (zu dem wir uns gezwungen fühlen), es anderen recht zu machen, damit wir emotional sicher sind, nämlich nicht verurteilt, nicht abgelehnt. Ich zeige dir die Gitterstäbe dieses Käfigs und die Verhaltensweisen, die wir wählen, um darin auszuharren und liebenswert zu bleiben, also all die Methoden, mit denen wir uns selbst verleugnen, während wir uns einreden, wir würden auf uns Acht geben.

Ich führe dich durch das ebenso gefährliche wie schmerzhafte Minenfeld der Urteile und Kritikpunkte, mit denen unsere Kultur Frauen abstempelt (und wir uns selbst!) – von *kompliziert* über *fordernd* bis hin zum *Kontrollfreak*. Das ganze Arsenal der Drohungen, die uns zum Schweigen bringen und unsere Bedürfnisse in Schach halten sollen. Auch die frühkindliche Umgebung spreche ich an – wie Bezugspersonen auf deine Bedürfnisse reagiert haben und wie das deine Überzeugungen geformt und verzerrt hat, aber auch, welche Strategien du einsetzt, um deine Bedürfnisse zu erfüllen.

Dabei werde ich Grundüberzeugungen beleuchten, jene scheinbaren Wahrheiten und Realitäten aus den hinteren Winkeln unseres Bewusstseins, die letztlich unser Verhalten prägen. Solche Grundüberzeugungen befeuern Schuldgefühle, Scham und Urteile, und solange sie nicht aus dem Schatten treten dürfen, bleiben sie eine ewige Stolperfalle auf unserem Weg zu uns selbst.

Anschließend widmen wir uns der milliardenschweren Selbstoptimierungsindustrie, einem System, das die wahre Ursache unserer Erschöpfung weder anspricht noch beheben kann.

Aber habe ich auch eine Lösung parat, wirst du dich jetzt fragen. Ja, die habe ich. Die Lösung besteht in einem grundlegend anderen Ansatz der Selbstfürsorge, in praktischen, handfesten Methoden, um zu dir zu stehen und in dieser Welt du selbst zu sein. Du wirst lernen, ehrlich zu sein, anstatt nur darauf zu achten, dass andere dich mögen. Ich möchte dir zeigen, wie du als Frau leben kannst, die weiß, dass ihre Erfahrung zählt, dass sie zählt, eine Frau, die ihre Bedürfnisse akzeptiert und beherzigt, eine Frau, die darauf vertraut, was sie weiß. Eine Frau, die unerschütterlich zu sich steht.

Wenn du bis hierher gelesen hast, gehe ich davon aus, dass du das Gefühl kennst, emotional erschöpft zu sein, dass du dich nicht wirklich um dich selbst und deine Bedürfnisse kümmerst oder dass du diese gar nicht so genau kennst. Vielleicht lockt dich aber auch die ernsthafte Hoffnung auf ein wahrhaftigeres, vitaleres Leben. In jedem Fall ist es erfreulich, dass du noch da bist!

Darüber zu reden, ist leicht – aber als selbstbewusste, aufrichtige Frau zu *leben*, die auch Bedürfnisse hat, ist alles andere als leicht. Es kann sogar sehr riskant sein. Wenn wir so leben, wie wir wirklich sind, drohen uns harte Urteile – von Männern und Frauen und von uns selbst. Unsere Konditionierung fordert von uns, immer darauf zu achten, dass niemand je mit uns unzufrieden ist, auch wenn das schlecht damit vereinbar ist, stark, sichtbar und absolut ehrlich zu sein. Unsere eigenen Bedürfnisse und Erfahrungen zu verbergen und lieber andere Menschen glücklich zu machen, kann uns als klüger und sicherer erscheinen.

Aber ich will dir etwas verraten: Du musst die Menschen, die dich lieben, keineswegs im Stich lassen, um für dich selbst zu sorgen. Du musst auch dich selbst nicht vernachlässigen, um sicher und glücklich zu sein. Ich habe im Laufe der Jahre zahllose Frauen auf der wohl wichtigsten Reise unseres Lebens begleitet, von denen viele dir sicher gar nicht so unähnlich waren. Und immer wieder ging es darum, nicht länger den vermeintlichen Erwartungen anderer zu entsprechen, sondern das eigene Ich auszuleben. Es ist ein Prozess, bei dem du das Zentrum deines Seins, deinen Leitstern, von der Außenwelt in dich selbst verschiebst. Du kommst endlich nach Hause.

Wann immer ich miterlebe, wie eine Frau sich dieser Verwandlung unterzieht, wie sie ihre wahre Stimme findet, ihre wahren Bedürfnisse, ihre wahre Stärke und ihr wahres Selbst, auf ihre ureigene Art, durchlaufe auch ich eine Verwandlung. Jedes einzelne Mal werde ich Zeugin eines Wunders, und die Ehrfurcht, die ich für diesen Prozess empfinde, war mein Antrieb für dieses Buch.

Ich möchte dich einladen, diese Seiten langsam und mit Pausen zu lesen. Denke darüber nach, wie es für *dich* ist, in dieser Gesellschaft eine Frau zu sein, welchen Herausforderungen du persönlich dich innerlich und äußerlich stellst. Prüfe, auf welche Weise deine weibliche Konditionierung dich formt, wo sie zur Falle wird oder dich einschränkt. Achte darauf, wie du mit deinen eigenen Bedürfnissen umgehst und als wie wichtig (oder unwichtig) du diese einstufst. Vielleicht fragst du dich gelegentlich: „Aber was soll ich *tun*? Worin besteht die eigentliche Arbeit, wie fühlt sich das an? Und wo fange ich an?" Die Antwort lautet: Nimm diese Denkanstöße in dich auf. Lass die Impulse in dein Bewusstsein sickern und sie von dort aus so in deine Erfahrungen einfließen, wie es für dich erforderlich ist. Wir können und müssen uns all das ansehen, um Veränderung in Gang zu bringen.

Wenn du dich entscheidest, diese Reise anzutreten, möchte ich dich um eine Sache bitten: Versprich mir, dass du dir für das, was dir unterwegs auffällt, keine Vorwürfe machst, und dass du während des gesamten Prozesses auf deiner eigenen Seite bleibst. Die Worte in diesem Buch dürfen jede Bedeutung annehmen, die sie für dich selbst haben. Es gibt keine „richtige" Erfahrung. *Lass deine Erfahrung zu,* aber lass nicht zu, dass dieser Prozess lediglich eine neue Aufgabe wird, ein weiterer interessanter Punkt auf deiner To-do-Liste in Sachen Selbstfürsorge.

***

Sei ehrlich mit dir selbst und setze die Anregungen in deinem eigenen Leben um, selbst wenn du niemandem jemals davon erzählst. Nutze das, was funktioniert, und blende den Rest aus. Nicht jeder Satz in diesem Buch wird etwas in dir zum Klingen bringen, denn *du* bist ganz und gar du selbst und befindest dich auf deinem persönlichen Weg. Betrachte die Lektüre dieses Buches als eine Übung, bei der du tief in dein eigenes Erleben hineinhorchst und *jedwede* Wahrheit würdigst, die dabei zu Tage tritt.

KAPITEL 1

Wie sind wir hier gelandet? Der Käfig der Harmoniesucht

„Miranda ist eine intelligente, reizende und überaus liebenswerte Frau. Doch bei aller Liebenswürdigkeit ist in ihrer Gegenwart eine gewisse Erschöpfung spürbar, ein Eingesperrtsein. Sie erinnert an einen goldenen Vogel in einem vergoldeten Käfig." Diese Notiz schrieb ich, nachdem Miranda (46) zum ersten Mal mein Sprechzimmer verließ.

Ich habe Miranda nie vergessen können. Sie war klug, charismatisch, beruflich erfolgreich, geschmackvoll gekleidet, Mutter zweier Kinder und sie suchte meine Hilfe, um mutiger und authentischer zu leben. Das Spannende daran war, dass sie dieses mutigere, authentischere Leben wollte, obwohl sie dafür möglicherweise auf „die Vorteile und Belohnungen einer so *zuverlässigen Harmoniesucht*" verzichten müsste. Damals wusste ich noch nicht, dass genau der Satz langfristig das Saatkorn zu diesem Buch werden sollte.

Miranda war der Inbegriff der modernen Frau – für ihre Kinder eine hingebungsvolle Mutter, für ihren Mann eine liebevolle, aufmerksame Partnerin, für ihre Firma eine scharfsinnige Anwältin, für ihre alten Eltern eine hilfsbereite Tochter, für viele eine treue Freundin. Doch indem sie für all diese Menschen all dies wurde, verlor sie den Kontakt zu ihren eigenen Wünschen und Bedürfnissen, die sie brauchte, um sie selbst zu sein – um ihrer selbst willen. Diese eigenen Bedürfnisse, die unabhängig von allen anderen Menschen existierten, waren ihr abhandengekommen.

Von außen besehen führte Miranda das Leben, das sich scheinbar alle wünschen. Sie hatte alles erreicht und war alles geworden, was die Gesellschaft uns als erstrebenswert suggeriert. Innerlich jedoch hatte sie das Gefühl, von einem wesentlichen Teil ihres eigenen Ichs abgeschnitten zu sein, das sie als ihr *wahres Selbst* bezeichnete. Sie hatte den Zugang zu ihrer ureigenen vitalen Kraft verloren. Zutiefst erschöpft von all der Perfektion und dem „Rechtmachenwollen" wünschte sie sich nun eine Anleitung zur Unvollkommenheit und eine Begleitung auf der Rückreise zu sich selbst. Sie suchte neuen Kontakt zu etwas, das sie nur mit „Ich" beschreiben konnte.

Allerdings hatte Miranda ihr Leben lang die Kunst kultiviert, liebenswert zu sein. Sie hatte Angst davor, selbst etwas zu brauchen, und sie scheute sich vor den Konsequenzen, wenn sie weniger nett wäre, denn in ihren Augen drohte ihr damit der Verlust von all dem, was ihr wichtig war: Ehe, Karriere, Freundschaften und sogar die Identität als großartige Mutter. Die Möglichkeit, auch einmal nicht nett zu sein, fühlte sich bedrohlich und unklug an. Deshalb erklärte sie mir in aller Deutlichkeit, dass ich sie keinesfalls in eine „alte Schrulle" verwandeln dürfe, „die nur für ihre Katzen lebt, ganz auf sich gestellt und allein, eine Frau, die zu niemandem gehört." Emotional war Miranda erschöpft, voller unerfüllter Bedürfnisse, aber auch äußerst skeptisch, was die Chance auf ein besseres – oder überhaupt lebenswertes – Leben betraf, wenn sie eben nicht mehr so *zuverlässig nett* wäre.

Der Käfig der Harmoniesucht

Zugehörigkeit ist ein menschliches Grundbedürfnis, denn unser Überleben hängt davon ab. Solange wir dazugehören, werden wir nicht schutzlos zurückgelassen, müssen nicht sterben. Zugehörigkeit bedeutet jedoch nicht nur körperliche Sicherheit, sondern auch Akzeptanz, Wertschätzung und Liebe, also emotionale Sicherheit. Wir müssen dazugehören, um uns emotional und psychisch unversehrt zu fühlen. Auch wenn wir nicht mehr im Urwald leben und kein Rudel brauchen, das uns vor Raubtieren schützt, steckt das Bedürfnis nach Zugehörigkeit nach wie vor in allem, was wir tun, es treibt uns noch immer an.

Und an dieser Stelle wird es knifflig: Als Frauen lernen wir, dass wir am besten dazugehören – und somit überleben –, wenn wir nett sind. Und zwar so, wie die anderen uns haben wollen. Gemocht zu werden, das wird zu einer treibenden Kraft und ist das Betriebssystem für alles, was wir tun. Wenn man uns mag, werden wir einbezogen und sind erwünscht. Gleichzeit wird dieser Drang und Druck, liebenswert zu sein, der uns auf vielerlei Weise nützt und schützt, zu unserem Käfig. Wir fangen an, unser Verhalten zu steuern, uns anzupassen, unsere Wünsche und Bedürfnisse nur mit Bedacht zu zeigen und unsere Persönlichkeit zu verändern, um es anderen recht zu machen. Und schließlich begraben wir unser Ich unter dieser netten Person.

Die alte Geschichte

Die Wurzeln der weiblichen Erschöpfung auszugraben, ist eine Herausforderung. Wer sich dieses Thema vornimmt, stößt unweigerlich auf klischeebehaftete Vorstellungen über überambitionierte Frauen. Unweigerlich entsteht vor unserem inneren Auge das Bild der ultrakompetenten, durchsetzungsfähigen Powerfrau, ein Energiebündel, ob in der Vorstandsetage, im Bett, am Herd oder im Einsatzfahrzeug. Wir sehen eine Frau, die das Wort „Nein" nicht kennt und nie etwas für sich verlangt (oder es erhält). Und weil wir diese Stereotypen verinnerlicht haben, kommt uns bei der Erwähnung von Frauen, die erschöpft sind, prompt der Gedanke, sie seien selbst dafür verantwortlich, weil sie sich nämlich nicht richtig um sich selbst gekümmert hätten. Der große Bogen lautet also wieder: Wenn eine Frau nicht bekommt, was sie braucht, ist das wahrscheinlich ihre eigene Schuld. Da es hier um deine persönliche Erschöpfung geht, möchte ich dich dringend bitten, nicht in diese Falle zu tappen. Deine Erschöpfung ist nicht deine Schuld – selbst wenn du eine Powerfrau bist!

Solche abgedroschenen Klischees und Narrative über Frauen, die sich zu viel aufbürden, machen es uns im Verbund mit den komplexen Ebenen dieses Themas nicht gerade leicht, zum Kern der Sache vorzustoßen. Es kostet viel Mühe, als Frau den eigenen Bedürfnissen nachzuspüren, der emotionalen Erschöpfung ehrlich auf den Grund zu gehen und zu verstehen, warum sie so hartnäckig ist. Ebenso anstrengend ist es, neue, angemessenere Lösungen für den Mangel zu entwickeln, den wir gegenwärtig vielleicht spüren. Es kann viel verlockender erscheinen, sich schnellen Lösungen zuzuwenden – dem Lammfellkissen oder dem Klangbad –, als geduldig aufzudecken, wonach es uns wirklich verlangt.

Tatsächlich stoßen wir Frauen schon immer auf Widerstand, wenn es um die Erfüllung unserer Bedürfnisse geht oder – wie in diesem Buch – um Selbstfürsorge. Das Hauptproblem ist, dass bereits die Vorstellung, uns um uns selbst zu kümmern (ganz zu schweigen von der praktischen Umsetzung), unserer mächtigsten Konditionierung zuwiderläuft: aufopfernd und selbstlos zu sein. Selbstfürsorge widerspricht einer allgegenwärtigen Botschaft, die uns unablässig daran erinnert, dass wir nichts für uns brauchen sollten. Diese Kluft zwischen der Forderung, wie wir sein sollen, und der Realität, wie wir sind – zwischen dem, was wir brauchen *dürfen*, und dem, was wir *wirklich* brauchen – steht im Zentrum unserer emotionalen Erschöpfung.

Die perfekte Frau

Als ich im Teenageralter war, erzählte mein Onkel eine Geschichte, die Fragen aufwarf, die mich nie ganz losgelassen haben. Es ging darin um einen alten Bekannten meines Onkels, aber auch um dessen Frau. Dieser Mann zog fast jeden Abend durch die Kneipen, mit Freunden, Zechkumpanen und Frauen ... vielen Frauen. Hin und wieder rief er bei diesen Sauftouren auch seine eigene Frau an, um ihr mitzuteilen, wo er gerade steckte, und auf diese Anrufe reagierte seine Frau immer mit denselben Worten, um die es in der Geschichte meines Onkels ging: „*Egal* wann du zurück bist, ich warte hier auf dich." Ich erinnere mich sehr genau an die Reaktionen der Männer aus meiner Familie, an ihre Bewunderung für die Reaktion der Frau. „Wow", staunte der eine, „wo gibt es eine so perfekte Frau zu kaufen?", und ein anderer fragte, ob sie noch eine Schwester hätte.

Trotz aller Fortschritte in unserer Gesellschaft besteht eine klare und weit verbreitete Vorstellung von der *perfekten Frau.* Was für eine Frau hast du spontan vor Augen? Ist sie stark, schön, klug, fit, hilfsbereit, selbstbewusst, großzügig, liebevoll, zugewandt, nicht nachtragend und opferbereit? Erfüllt sie die Bedürfnisse von allen, ohne etwas für sich selbst zu fordern? Was wirft sie in den Ring, um so einzigartig und begehrenswert zu sein? Zum Glück ist dieses Image der perfekten Frau dank erweiterter Genderidentitäten, Lebensweisen, Berufswegen, Körpertypen und Möglichkeiten insgesamt, als Frau in dieser Welt zu leben, im Wandel. Dennoch bleibt es als Idealbild in der weiblichen Psyche verankert, als ein Modell für das Frausein – und als Maßstab, wie eine Frau sein *sollte*.

Stelle dir die folgenden Fragen: *Wenn du nicht in der Lage bist, diese perfekte Phantasiefrau zu sein, glaubst du dennoch, dass du so sein solltest? Bist du von dir enttäuscht, weil du diesem Standard nicht gerecht werden kannst?* Häufig ist die „So-sollte-es-sein"-Stimme unsere innere Kritikerin, die Schuldgefühle und Scham auslöst, weil wir diesem weiblichen Idealbild nicht entsprechen. In unserem Streben, die perfekte Frau zu sein, versuchen wir, begehrenswerter zu werden und besser dem zu entsprechen, was erwünscht ist. Damit und mit der Selbstverurteilung, weil wir dieses Klischee nicht erfüllen, zementieren wir jedoch zugleich die Gitter unseres Käfigs.

Jederzeit verfügbar

Als Kinder lernen wir sehr viel, was wir uns oft von unseren Müttern und anderen Frauen abschauen. So lernen wir auch, dass eine Frau nur perfekt ist, wenn sie verfügbar ist – *ständig* verfügbar für die Bedürfnisse anderer. Allzeit bereit, die eigenen Bedürfnisse zurückzustellen, wenn Bedürfnisse von anderen auftauchen. Stelle dir folgende Fragen: *Wenn eine Person aus dem Freundeskreis, aus der Familie, aus der Firma oder auch jemand Wildfremdes etwas braucht – verspürst du den Impuls, alles stehen und liegen zu lassen, um auszuhelfen? Ist das Wort „Nein" in deinem Inneren ein unausgesprochenes Tabu?*

Das Besondere an der Frau in der Geschichte meines Onkels, die so perfekt erschien, dass andere Männer sie sogar *kaufen* wollten, war die permanente Verfügbarkeit für ihren Mann. Sie wartete zu Hause, um *ihn* liebevoll und ohne Fragen, ohne eigene Bedürfnisse oder gar Erwartungen in Empfang zu nehmen, permanent verfügbar für *seine* Bedürfnisse. Einen solchen Standard kompromissloser Verfügbarkeit an uns anzulegen, mag uns zwar beliebter und begehrenswerter machen, verstärkt aber am Ende die Überzeugung, dass wir *wegen* unserer Verfügbarkeit wertvoll sind, und dass man uns mag, *weil* wir andere an erste Stelle setzen. Und damit bleiben wir eben diesem Verhalten und eben dieser Erschöpfung unterworfen.

Hypervigilanz: Was denken die anderen (über uns)?

Um liebenswert zu bleiben, haben wir gelernt, uns aufmerksam auf andere einzustimmen und dabei nicht nur ihre Bedürfnisse wahrzunehmen, sondern auch das, was sie über uns denken. Überlege einmal: Achtest du übermäßig darauf, was andere von dir halten? Vertraust du den Wahrnehmungen anderer über dich mehr als deinen eigenen und räumst du diesen Priorität ein? Ist dein eigenes Wissen weniger wert als die Meinungen der anderen über dich?

Das Bemühen um die Zuneigung anderer ist in gewisser Hinsicht logisch. Bei Erfolg besteht ein gewisser Schutz vor Ablehnung oder Zurückweisung. Aber solange wir unsere Aufmerksamkeit und Energie darauf verwenden, was andere über uns denken (oder was sie unserer Meinung nach über uns denken), verlagern wir Selbstwertgefühl und Selbsterfahrung, also unsere Identität als solche, auf Familie, Freunde, Partner, Experten und andere Personen, die uns unserer Meinung nach besser kennen als wir uns selbst. Und damit überantworten wir ihnen die Zuständigkeit für unsere intimsten Fragen: *Was denke ich in Wahrheit? Was will und brauche ich? Wie kann ich mich selbst lieben? Wer bin ich in meinen Augen?* An deren Stelle rücken Fragen wie: *Wer bin ich in deinen Augen? Was glaubst du, was ich mache? Welche Bedürfnisse sollte ich deiner Meinung nach haben? Wie muss ich sein, damit du mich magst?*

Wenn es um Antworten auf die wichtigsten Fragen im Leben geht, haben wir gelernt, lieber anderen zu vertrauen als uns selbst. Und damit werden wir nie diejenigen sein, die am besten wissen, was gut für uns ist.

Selbstverleugnung

Wenn unsere Aufmerksamkeit auf die Bedürfnisse und Wahrnehmungen anderer gerichtet ist (und natürlich auf die Erfüllung ihrer Bedürfnisse und die Beeinflussung ihrer Wahrnehmungen), lernen wir rasch, unseren eigenen Erfahrungen zu misstrauen und sie abzuwerten. Wir halten unser eigenes Wissen für weniger maßgeblich und reden uns ein, es sei klüger, nicht auf die innere Wahrheit zu hören. Damit sprechen wir uns die eigene Quelle der Weisheit ab und glauben irgendwann nicht mehr, dass wir selbst in der Lage sind, zu entscheiden, was wahr und das Beste für uns ist. Wenn wir ernsthaft für uns einstehen und der eigenen Erfahrung vertrauen würden, würden wir verlieren, was für uns zählt. Jedenfalls denken wir das.

Also lassen wir lieber andere unsere Entscheidungen treffen – und werden dafür durchaus belohnt. Dank unserer Selbstzweifel bleiben wir flexibel und kooperativ, womit wir wiederum unsere Zugehörigkeit sicherstellen. Welche Erfahrungen wir machen, dürfen andere entscheiden, und das sorgt auf verdrehte Weise dafür, dass wir uns weiterhin geliebt fühlen.

Als erwachsene Frauen können wir die eigene Stimme meisterlich ignorieren und kleinreden, jene Stimme in uns, die unsere Wahrheit kennt und weiß, was wir wollen und brauchen – wenn wir ihr zuhören würden. Inzwischen beginnt diese Stimme vielleicht in uns zu flüstern oder meldet sich (mit viel Glück!) energisch zu Wort.

Was wir brauchen, ist da draußen

Ein weiteres Element der zwanghaften Harmoniesucht ist die Überzeugung, dass das, was wir brauchen, irgendwo außerhalb von uns liegt. Wir müssen es nur finden. Viele Frauen suchen ihr Leben lang nach diesem Etwas, das sie erfüllt und mit sich selbst in Einklang bringt, oder nach einer solchen Person. Auf der Suche nach dem goldenen Schlüssel ziehen wir Selbsthilfe-Coaches zu Rate, unsere Partner oder Partnerinnen, Menschen, die uns gut kennen, die Medien oder Prominente, denn wir glauben fest daran, dass das, was wir brauchen, außerhalb von uns selbst liegt. Dass wir den Schlüssel die ganze Zeit schon mit uns herumtragen, kommt uns gar nicht in den Sinn.

Den Mund halten

Ich erinnere mich an die Mischung aus Verwirrung und Bestürzung, die ich empfand, als ich damals der Geschichte von der perfekten Frau zuhörte und wahrnahm, wie diese Männer, die ich liebte und denen ich vertraute, sie feierten. Doch schon in diesen frühen Jahren hatte ich erstaunlicherweise begriffen, dass jede Gegenrede, jeder Ausdruck meiner Gefühle und meiner Unzufriedenheit, mich in diesem Augenblick als überempfindliche Pubertierende abstempeln würde. Ich hätte vielleicht Schwierigkeiten gehabt, die richtigen Worte zu finden, doch mein Bauchgefühl war deutlich: Wäre ich ehrlich gewesen, hätte ich riskiert, nicht mehr einbezogen zu werden und weniger beliebt zu sein. Dieses Risiko wollte ich nicht eingehen.

Den Mund zu halten und uns nicht zu Wort zu melden, ist für Frauen eine tief verwurzelte Gewohnheit. Wir sind fest davon überzeugt, dass wir unsere wahren Gedanken für uns behalten sollten, um uns zu schützen, ganz besonders, wenn dadurch ein Konflikt droht. Durch Schweigen und Einlenken wollen wir unsere Chancen verbessern, gemocht zu werden, was in der Regel auch gelingt. Wieder und wieder entscheiden wir uns, nicht auszusprechen, was wir tatsächlich denken und fühlen, nur um nicht anzuecken. Und so pressen wir unsere persönliche Wahrheit in eine gefällige Form und stutzen die eigene Erfahrung so zurecht, dass sie niemanden stört. Vielleicht hältst du das sogar für einen fairen Tausch: Du gibst zwar deine Stimme auf, deine Wahrheit, deine Integrität und die Chance, wirklich gesehen zu werden, doch im Gegenzug wirst du geschätzt und geliebt. Du kannst dazugehören. Zustimmung und Schweigen erscheinen als zuverlässigere Methode der Selbstfürsorge und werden so zu deiner Lieblingsstrategie.

Sich unsichtbar machen

Es ist wirklich verwirrend. Von so vielen Seiten hören wir, dass wir uns melden sollen, wenn wir etwas brauchen, dass wir ehrlich sein und auf uns achten sollen. Gleichzeitig aber werden wir gewaltig dafür belohnt, wenn wir fürsorglich und selbstlos sind und andere glücklich machen. Bei genauerem Hinsehen gilt die Selbstfürsorge, zu der wir angehalten werden, dem selbstlosen Ich. Es ist das ewige Dilemma der Frau.

Und da wir fest daran glauben, dass Selbstlosigkeit anerkannt und erwünscht ist, erwarten wir diese auch von uns. Je mehr wir darauf bestehen, keine Bedürfnisse zu haben, desto schwerer fällt es uns, um das zu bitten, was wir brauchen, und desto unwahrscheinlicher wird es, dass wir es auch bekommen. Je mehr Selbstlosigkeit wir von uns erwarten, desto mehr stärken wir das System, das diese Selbstlosigkeit belohnt. Und mit jeder Runde verschwinden wir ein wenig mehr.

Geben ist seliger als Nehmen

Sobald wir unser hübsches Köpfchen aufrecht halten können, sind wir damit beschäftigt zu lernen, wie man ein braves Mädchen wird. Besonders wichtig ist dabei, dass ein Mädchen freigiebig und hilfsbereit ist. Je mehr wir geben, desto mehr Anerkennung und Respekt ernten wir. Wir werden geschätzt! Es dürfte niemanden überraschen, dass wir auf diese Weise bald unseren Wert einstufen: Wir fühlen uns wertvoll, wenn wir geben, und erwarten dieses Verhalten auch von uns, als würden wir nur dadurch wertvoll. Am Ende geben und geben wir, bis wir nichts mehr zu geben haben, weil wir glauben, davon zu profitieren. Dummerweise hält uns dies in einem

Leben gefangen, in dem wir uns weiterhin auf die Bedürfnisse anderer und deren Erfüllung konzentrieren, weil wir der Meinung sind, dass unsere Bedürfnisse gestillt werden, indem wir uns um andere kümmern. Diese Lebensweise laugt jedoch nur aus. Und auch auf diesem Wege stärken wir das System, das uns alle Kraft raubt.

Selbst schuld

Zum Schluss möchte ich eine weitere Verhaltensweise erwähnen, die so tief in uns verwurzelt ist, dass wir sie kaum noch wahrnehmen: Wir fühlen uns schuldig, weil wir eigene Bedürfnisse haben. Die Schuld erwächst allerdings daraus, dass wir die falschen Bedürfnisse zu haben scheinen, dass wir ihre Erfüllung nicht verdienen und dass wir nicht in der Lage sind, unsere Bedürfnisse auszublenden.

Wir haben gelernt, unsere eigenen Bedürfnisse als Problem zu betrachten. Solange sie bestehen, machen wir etwas verkehrt, und – was noch tückischer ist – etwas macht *uns* verkehrt. Unsere Bedürfnisse sind nicht nur unerwünscht und unwillkommen, sondern sie bedrohen auch unsere Selbstachtung und (muss ich das noch erwähnen?) die Hoffnung, liebenswert zu sein.

Wie bei allen angepassten Verhaltensweisen geben wir uns in dem Bemühen, leichter akzeptiert zu werden, also sicher zu sein, paradoxerweise auch hieran selbst die Schuld. Doch mit dieser speziellen Anpassungsleistung schwindet zugleich die Hoffnung auf eine gesunde Beziehung zu unseren Bedürfnissen und uns selbst. Da wir an dem Problem (unseren Bedürfnissen) schuld sind, da wir selbst das Problem sind, wird es praktisch unmöglich, auch nur den Wunsch zu entwickeln, uns um uns selbst zu kümmern oder uns überhaupt nur zu mögen, was jedoch eine Vorbedingung wäre.

Kehren wir nun zu unserer Frage zurück: Warum sind so viele Frauen emotional ausgelaugt? Und wie kommt es, dass wir diese Erschöpfung für unabänderlich halten? Wenn man darüber nachdenkt, kann es kaum anders sein – solange wir weiterhin davon ausgehen, dass unsere Hauptaufgabe im Leben darin besteht, gemocht zu werden. Und solange wir glauben, dass es gut für uns ist und wir am glücklichsten sind, wenn wir darauf achten, dass andere uns gerne mögen. Und (was wohl am gemeinsten ist) solange wir glauben, dass wir nur dann liebenswert sind, wenn wir die Bedürfnisse anderer über unsere eigenen stellen, die innere und äußere Stimme zum Schweigen bringen und unserem eigenen Wissen misstrauen. Wenn wir uns also selbst verraten. Eine Frau, die all dies glaubt (und viele von uns tun dies), hat keinen Grund, sich um die eigenen Bedürfnisse zu kümmern. Wozu auch? Denn wie könnte sie sich um sich selbst kümmern, ohne alles andere aufzugeben, was sie braucht?

* * *

Im folgenden Kapitel soll es um die speziellen Botschaften gehen, die Frauen erhalten und verinnerlichen, ganz besonders die, die uns gefangen halten und auslaugen.

KAPITEL 2

Kultur: Wie Frauen ihr Wesen abgesprochen wird

Was bedeutet es, eine Frau zu sein? Diese Frage beantwortet uns eine patriarchale Kultur, die vorgibt, wie wir aussehen sollen und was wir brauchen, wollen und denken sollen, wie wir uns verhalten sollen und wieviel Raum uns zugestanden wird, wenn wir weiterhin dazugehören und gemocht werden wollen. Auf diese Weise lernen wir, weibliche Menschen zu sein.

Wann immer man uns signalisiert, wie wir zu sein haben, lernen wir aber auch, wie wir nicht sein sollen. Und das ist häufig die stärkere Botschaft, die dauerhaft hängen bleibt. Zwar gibt es keine offizielle Liste, was Mädchen und Frauen *zu tun* und *zu lassen* haben, doch uns wird schnell und deutlich klargemacht, wie wir nicht sein sollen und was uns Zugehörigkeit und Zustimmung kostet.

Eines möchte ich dabei klarstellen: Auch wenn ich eine patriarchal geprägte Gesellschaft beschreibe und immer wieder Beispiele anführe, in denen Männer das Falsche zu tun scheinen, sind nicht „die Männer“ schuld an der emotionalen Erschöpfung der Frauen. Denn auch Männer sind im gegenwärtigen System gefangen, das jede Frau ermuntert, selbstlos und zuvorkommend zu sein, und sie für ihre Bedürfnisse verurteilt. Mehr Bewusstsein für die weibliche Erfahrungswelt und den gesellschaftlichen Käfig, in dem Frauen leben, kann auch Männer befreien und für alle Beziehungen neue Möglichkeiten eröffnen.

Nur wenn wir uns dieser mehr oder weniger versteckten Botschaften bewusstwerden, können sie uns nicht mehr kontrollieren. Wir bringen diese Botschaften ans Licht, um sie zu entmachten, damit sie nicht länger unser Verhalten diktieren. Sobald du erkennst, was du glaubst, wovor du Angst hast und warum das so ist, und vor allem, auf welche Weise du dich selbst zügelst, um diese Ängste im Zaum zu halten, „nett“ zu bleiben und dem Urteil zu entgehen, kannst du aus dem System ausbrechen. Mit mehr Bewusstsein für diese Themen und ohne die entsprechenden Ängste, die dich blockieren, musst du dich nicht mehr defensiv verhalten und ständig darauf achten, dich nicht danebenzubenehmen. Du kannst spontan leben, ohne deine Bedürfnisse zu hinterfragen und dich zurückzunehmen. Du kannst als die Person auftreten, die du *bist,* nicht als die, die du sein (oder nicht sein) *sollst.*

Im Folgenden beschreibe ich, womit wir Frauen tagtäglich konfrontiert sind und welche Stempel uns aufgedrückt werden – die wir oft einfach als Teil unseres Frauseins in der westlichen Kultur hinnehmen.

„Du bist so kompliziert!“

Kompliziert zu sein, ist ein Vorwurf, in dem sich viel Kränkungspotenzial verbirgt. Es ist ein gern benutztes Urteil über Frauen, die ihre Bedürfnisse zu deutlich zeigen. Beginnen wir also mit einem Beispiel für solch eine scheinbar *komplizierte Frau.*

Chloe war frisch verliebt und vergötterte ihren neuen Freund. Nach den ersten drei wundervollen Monaten lud er sie zu einem Tagesausflug an den Strand ein. Chloe ging eigentlich nicht gerne an den Strand, aber die Aussicht auf einen freien Tag mit ihrem Freund war so verlockend, dass sie ihre Abneigung gegen die Sonne und die vielen Erinnerungen an üble Sonnenbrände auf ihrer hellen Haut in den Wind schrieb. Sie freute sich viel zu sehr auf den gemeinsamen Tag.

Als sie jedoch ankamen und ihre Decken ausbreiteten, stellte Chloe fest, dass ihre mitgebrachte Tube Sonnencreme leer war. Ihr Freund war regelmäßig am Strand. An Sonnenschutz verschwendete er keinen Gedanken und hatte natürlich auch keine Creme dabei. Chloe merkte, wie sie Angst bekam: Ihr standen mindestens sechs Stunden in der prallen Sonne ohne jeden Schatten bevor.

Sie marschierte zum nächsten Imbiss, angeblich um Wasser zu holen, aber auch dort gab es keine Sonnencreme, und so kam sie zwar mit zwei Flaschen Wasser zurück, aber ohne das, was sie in Wahrheit brauchte. Sie wusste, dass der nächste Ort nur eine Meile entfernt lag, aber um dorthin zu fahren, hätten sie die Kühlbox, die Decke und alles andere wieder ins Auto schleppen, in die Stadt fahren, dann zurückkehren und noch einmal von vorne anfangen müssen. So viel Aufwand erschien ihr Bedürfnis (und sie selbst!) ihr nicht wert, also beschloss sie, sich nichts anmerken zu lassen.

Den ganzen Tag hatte sie Angst vor dem sich anbahnenden Sonnenbrand, war aber gleichzeitig wie gelähmt von der Furcht, als *kompliziert* eingestuft zu werden. Nachdem ihr Freund sie an diesem Abend nach Hause gebracht hatte, fuhr sie gleich weiter zum ärztlichen Notdienst, weil sie kurz vor einem Hitzschlag stand (was sie ihm auch nicht mitgeteilt hatte). Ihre Entscheidung, nicht unangenehm aufzufallen, resultierte am Ende in einem starken Sonnenstich, einer Krankschreibung und großflächigem, blasigem Sonnenbrand.

Chloe hatte nur nicht eine dieser „komplizierten Diven“ sein wollen, die „immer Sonderwünsche“ haben. Sie wollte weder ein Problem haben noch ein Problem sein. Wichtiger als alles andere war für sie, dass ihr Freund sie mochte, und in ihren Augen bedeutete das, die *coole Freundin* zu sein, die keine Extrawünsche und keine Probleme hatte. Sie war davon überzeugt, dass nur eine Frau mit solchen Eigenschaften begehrenswert sei.

Entgegenkommendes, unkompliziertes Verhalten (sprich: *keine Bedürfnisse* zu äußern) ist in unserer Kultur ein wichtiger Pluspunkt für die Attraktivität einer Frau. Wie ein Mann es einmal halb im Scherz, halb im Ernst ausdrückte: „Je weniger eine Frau nervt, desto anziehender ist sie, oder?“ Eine Frau gilt als *kompliziert*, wenn ihre Bedürfnisse anderen Mühe machen oder eine Verhaltensänderung abverlangen oder wenn sie sich nicht in aller Stille selbst darum kümmern kann. Kompliziert ist sie auch, wenn das, was sie braucht, nicht dem entspricht, was sie aus der Sicht einer anderen Person überhaupt brauchen sollte, genauer gesagt, wenn ihr Bedürfnis nicht dem entspricht, was jemand anders zu geben bereit ist.

„Du bist total selbstsüchtig!“

„Aber ist es nicht selbstsüchtig von mir, wenn ich mal alleine sein will? Bin ich dann nicht eine schlechte Mutter?“ Das Bedürfnis nach Zeit für sich stürzte Anne in einen tiefen Konflikt. „Ich bräuchte nur eine oder zwei Stunden an den Wochenenden. Aber das ist doch unfair meinen Kindern gegenüber. Sollte ich ihren Bedürfnissen nicht oberste Priorität einräumen? Es ist total selbstsüchtig, mich selbst wichtiger zu nehmen. Oder?“

Womit wir beim springenden Punkt sind: Uns selbst zuzugestehen, was wir brauchen, und wenn auch nur für eine Stunde, ist selbstsüchtig. Aus Selbstfürsorge wird Selbstsucht. Die Zeit, die wir für uns selbst beanspruchen, *nehmen wir anderen weg*. Unsere eigenen Bedürfnisse zu erfüllen, so klein sie auch sein mögen, macht uns zu einer Person, die einfach tut, was sie will, und *nur* an sich selbst denkt.

Tatsächlich jedoch werden wir von Geburt an gelobt und bewundert, wenn wir dem Wohl anderer den Vorrang geben: „Schau doch, wie bereitwillig sie ihr Spielzeug hergibt und alles teilt!“ oder „Was für ein süßes Mädchen! Sieh nur, wie sie den kleineren Keks für sich wählt und ihrem Bruder den großen überlässt.“ Die Botschaft ist eindeutig: Ein Mädchen (oder eine Frau) ist dann gut, wenn andere wichtiger sein dürfen. Unterschwellig vermittelt diese Botschaft auch: Dass andere bekommen, was sie wollen, ist wichtiger, als dass wir bekommen, was wir wollen. Und auf einer noch tieferen Ebene folgern wir: Dass die *anderen* bekommen, was sie wollen, ist das, was *wir* wollen. Aus der Lektion, dass unser Wert darauf beruht, wie viel wir anderen geben, folgt die Erkenntnis, dass Selbstsucht der schlimmstmögliche Vorwurf ist, weil er unseren elementaren Wert in Frage stellt.

Meine Freundin Maddie hat noch nie Essen für sich selbst bestellt, wenn wir mit ihrer Familie ausgegangen sind. Jahrelang nahm ich das nur zur Kenntnis, bis ich sie schließlich fragte, warum sie nie etwas für sich bestellte. Ihre spontane Antwort lautete, dass sie so damit beschäftigt sei, die Kinder zu füttern, dass sie selbst keine Zeit zu essen habe. Wichtiger jedoch sei, dass sie so glücklich und zufrieden sei, wenn sie ihre beiden Söhne fröhlich essen sehe, dass sie wirklich kein Essen brauche. Das Glück der Kinder war ihr Glück und nährte sie ausreichend. Waren die Bedürfnisse der Kinder gestillt, brauchte sie nichts mehr.

Kein Wunder, dass wir Frauen uns um die ganze Welt kümmern – in der Krankenpflege, in der Sozialarbeit, an den Schulen. Wir helfen gerne. Wohlgemerkt hängt nicht nur unser äußerer Wert davon ab, andere glücklich zu machen, sondern es soll zugleich auch uns selbst glücklich machen. Über den Prozess des Gebens sollten Frauen Erfüllung finden, aus dem Wissen heraus, dass wir der wichtigsten Aufgabe einer Frau erfolgreich nachkommen.

Wenn wir hingegen unsere eigenen Bedürfnisse erkennen und womöglich sogar als relevant betrachten, steigt sofort die Furcht (und die sehr reale Drohung) auf, als selbstsüchtig eingestuft zu werden. Dieses Urteil fällen wir in der Regel selbst, noch ehe jemand anders dazu kommt: *Selbstsüchtig* ist vielfach der erste Vorwurf, den der innere Kritiker uns macht. Diese Verdammung höre ich in meinem Sprechzimmer jeden Tag, und leider klagen sich Frauen dabei in der Regel selbst an.

Die Angst davor, als selbstsüchtig zu gelten, gehört zu unserer Grundprogrammierung. Wir glauben, dass es egoistisch ist, sich *selbst* zu viel zu gönnen. Denn wenn wir unsere eigenen Bedürfnisse an erste Stelle setzen, werden jene der anderen hintenangestellt. Wenn wir uns selbst wichtig nehmen, werden die anderen unwichtig. Es gibt nur *entweder-oder*. Wenn wir also vor der Wahl stehen, selbstlos oder selbstsüchtig zu agieren, liegt die Entscheidung auf der Hand.

„Du bist so ein Kontrollfreak!“

Rada war schwer ums Herz. Ihre jüngste Tochter stand kurz davor, ins College umzuziehen. Rada litt unter der Situation, und sie wollte mit ihrem Mann darüber reden. Weil er leicht ablenkbar war, erschien ihr das Auto als ein guter Ort, um anzusprechen, was sie bewegte. Sie wollte ihren Kummer und ihre Angst zur Sprache bringen, aber auch über die Beziehung zu ihrem Mann reden, über ihre Befürchtung, dass da nicht genug sei, was sie nach dem Flüggewerden der Kinder noch zusammenhielte. Sie brauchte Zuspruch und wollte eigentlich nur Gehör finden.

Nach ein paar Minuten begann ihr Mann, fröhlich mit einem Lied im Radio zu summen und auf seinem Sitz zu wippen. Sie sagte vorsichtig, dass es ihr unpassend und vielleicht etwas unsensibel vorkäme, dass er hier wippte und sang, während sie traurig sei und ihm etwas erzählte, was ihr sehr wichtig sei. Anschließend bat sie ihren Mann freundlich, es doch bitte sein zu lassen und einfach zuzuhören oder irgendwie auf ihre Worte einzugehen. Erst sagte er nichts, dann kam ein vorwurfsvolles: „Ich höre.“ In diesem Moment kam er Rada vor „wie eine Handgranate kurz vor dem Zünden.“

Sie war so verletzt, dass sie mitten im Satz abbrach und verstummte. Nach einigen Minuten brach sie das Schweigen: „Warum machen meine Gefühle dich so wütend? Ich möchte doch nur hören, dass wir das hinkriegen. Dass wir uns verändern können und neue Wege finden, ein Paar zu sein. Ich brauche nur ein bisschen Zuspruch – dass du diesen Weg mit mir gemeinsam gehst. Ich bitte nicht oft darum, aber, ja, hin und wieder bitte ich meinen Mann um etwas Nachsicht. Ist das zu viel?“

Mit diesen Worten zündete sie die Granate, und diese explodierte. Nach ein paar lauten Kraftausdrücken durfte sie sich ungefähr Folgendes anhören: „Du bist so ein Kontrollfreak. Du musst alles und jeden kontrollieren. Schreib mir doch einfach ein Drehbuch, dann kannst du alles kontrollieren, was ich sage oder tue. Offenbar ist es das, was du willst. Oder such dir einen Roboter, den kannst du dann programmieren, wie es dir passt. Vielleicht kriegst du dann, was du brauchst!" Danach schwiegen beide.

So merkwürdig dieser Vorfall klingen mag, höre ich von derartigen Situationen in meiner Praxis doch regelmäßig. Rada erzählt, was sie bewegt, und bittet um das, was sie braucht – Verständnis und Empathie. Und diese Ehrlichkeit wird als Kontrollversuch eingestuft und verurteilt. Womit Radas Bedürfnis nicht einmal annähernd gestillt wird. Eine Frau als *Kontrollfreak* zu bezeichnen, ist in der Regel eine todsichere Methode, um sie zu kontrollieren und zum Schweigen zu bringen.

Beruflich höre ich jeden Tag Geschichten von Frauen, denen vorgeworfen wird, alles *kontrollieren* zu wollen. Dieses Urteil ernten wir für die unterschiedlichsten Aktionen, am häufigsten jedoch, wenn wir darum bitten, unsere Bedürfnisse ernst zu nehmen, und wenn wir verlangen, dass jemand anderes sein Verhalten für uns ändert.

Die Aussage, dass wir „immer alles kontrollieren" wollen, gehört zu den härtesten Urteilen, die über Frauen gefällt werden, und bringt uns zuverlässig dazu, den Mund zu halten und unsere Bedürfnisse in uns zu verschließen – in der Überzeugung, dass wir nicht mehr andere kontrollieren sollten, sondern *uns* selbst, und zwar um jeden Preis. Warum ist dieser spezielle Vorwurf so wirkungsvoll? Weil wir ihn bereitwillig glauben. Wir glauben, dass wir uns zu viel herausnehmen, wenn wir eine andere Person bitten, *unseretwegen* ihr Verhalten zu ändern, nur für unsere Bedürfnisse oder Gefühle. Als Kontrollfreak bezeichnet zu werden, ist für viele Frauen so beschämend und abstoßend, dass wir uns diesem Risiko nur ungern aussetzen.

Die Bezeichnung *Kontrollfreak* ist eine Kritik, die uns ein schlechtes Bild von uns selbst vermitteln soll: peinlich und aggressiv, überheblich und wenig feminin, dominant und herrisch, schlicht und einfach abstoßend. Das funktioniert! Und gleichzeitig fühlen wir uns dadurch eingesperrt, frustriert und wütend. Wenn wir dieses Urteil annehmen, erleben wir uns als machtlos, denn uns bleibt keine Möglichkeit, unseren Bedürfnissen Ausdruck zu verleihen. Je mehr wir sagen, desto mehr wirft man uns vor, alles kontrollieren zu wollen. Wir sitzen in der Falle. Wer einer Frau vorwirft, alles kontrollieren zu wollen, wählt damit die wirksamste Methode, um sie zu kontrollieren, und zwingt sie zugleich, sich selbst zu kontrollieren.

„Was willst du denn noch alles?“

Der Vorwurf, *fordernd* zu sein und ständig etwas zu *wollen*, hat gewisse Parallelen zu *kompliziert*, doch bei Frauen geht damit ein ganz eigener Angriff einher. Wenn wir als fordernd wahrgenommen werden, schwingt darin mit, dass wir nicht nur zu viel Aufwand machen, mehr verlangen, als wir verdient haben, und mehr brauchen, als wir sollten, sondern auch, dass wir uns dazu berechtigt fühlen. Und das macht uns noch weniger liebenswert.

Einmal fragte meine Freundin Ana ihren Mann, ob er für den gemeinsamen Sohn etwas erledigen könne. Er sollte etwas für ihn in der Schule abgeben. Ihr Mann antwortete voller Sarkasmus: „Kann ich sonst noch etwas für Euch tun, Majestät?“ Was in dieser Bemerkung mitschwang, war der unausgesprochene Vorwurf, dass sie mehr verlangte, als ihr rechtmäßig zustünde (mehr, als sie brauchen dürfte). Prompt kam sich Ana aggressiv vor – als hätte sie ihre Ansprüche überreizt und wäre bei der absurden Annahme erwischt worden, sie hätte irgendetwas verdient. Sie fühlte sich „wie eine dieser herrischen Frauen, die unverschämterweise Aufgaben an andere delegieren und glauben, sie hätten jedes Recht dazu.“ Erst nach einem längeren Gespräch begriff meine Freundin, welch verzerrte Pseudorealität ihr Mann konstruiert (und sie prompt übernommen) hatte und wie lächerlich seine Aussage gewesen war.

Gemeinsam machten wir den Realitätscheck, denn das, worum sie gebeten hatte, war eigentlich eine Kleinigkeit gewesen. Sie bat nur selten um Hilfe, und zudem hatte diese kleine Geste nicht einmal ihr, sondern dem gemeinsamen Kind gegolten. Sie hatte jedes Recht dazu, ihren Mann zu bitten, etwas für seine Familie zu tun, ohne sich dafür entschuldigen zu müssen.

„Du hast nicht bloß Bedürfnisse, du bist bedürftig!“

Die Erfahrung, Bedürfnisse zu haben, gilt unabhängig vom Geschlecht (und auch für all jene, die sich keinem Geschlecht zugehörig fühlen). Speziell bei Frauen verengt unsere Kultur die natürliche Existenz von Bedürfnissen auf den unattraktiven, krankhaften Zustand der *Bedürftigkeit*. Wenn ein *Bedürfnis* zu Bedürftigkeit *degradiert* wird, wird uns suggeriert, dass unsere Bedürfnisse übertrieben sind, mehr als uns gerechterweise zusteht. Sie sind eine Last. Und wenn unsere Bedürfnisse eine Last sind, sind auch wir eine Last. Gleichzeitig schwingt in dem Urteil *bedürftig* mit, dass wir schwach und übermäßig von anderen abhängig sind, also hilflos. Durch die Bedeutungsverschiebung *von Bedürfnis zu Bedürftigkeit* werden zwei ganz unterschiedliche Sachlagen zu etwas geradezu Pathologischem. Das, was wir brauchen und wofür wir ein intuitives, unantastbares Gespür haben, verwandelt sich dadurch in etwas Kaputtes, Schambehaftetes. Ein Bedürfnis entspringt unserem tiefsten Inneren und dient dem natürlichen Selbstschutz. Es ist etwas, das wir zu unserem Wohl brauchen und für das *wir* einstehen. So etwas als Bedürftigkeit umzudeuten, verurteilt es und lässt es selbstschädigend erscheinen.

Maria und ihr Freund waren seit sechs Monaten ein Paar. Sie trafen sich jedes Wochenende, unter der Woche jedoch nur gelegentlich. Wenn Maria sich allerdings nicht bei Sam meldete, verstrich das Wochenende einfach, und sie sahen sich nicht. Wann immer sie Kontakt aufnahm, schien er sich darüber zu freuen. Wenn sie zusammen waren, verhielt er sich liebevoll und zuvorkommend, aber dennoch ergriff er nie die Initiative.

Daher war Maria verständlicherweise verunsichert und blieb auf der Hut. Sie fragte sich: „Wenn ich ihn nicht mehr anrufe, schläft die Beziehung dann einfach ein?“ Trotz ihrer Verwirrung und Unsicherheit wurstelte sie sich weiter durch, sorgte für den Fortbestand der Beziehung, verhielt sich begehrenswert und hielt den Mund.

Meine Frage, warum sie das Thema ihm gegenüber nicht erwähnen würde, lag auf der Hand. Ihre Antwort lautete, sie wolle nicht bedürftig erscheinen. Intellektuell war ihr klar, wie inakzeptabel die ganze Situation war und dass sie Besseres verdient hatte. Dennoch scheute sie davor zurück, das auch anzusprechen. Sie mochte sich noch so durcheinander und zurückgewiesen vorkommen und noch so sehr damit hadern – das Risiko erschien ihr höher als ihr Kummer. Als ich sie fragte, worin genau das Risiko bestünde, erklärte sie mir, dass sie Angst hätte, er würde sie für eine jener verzweifelten Frauen halten, die ständig Zuspruch, Bestätigung und das Wissen über den „Beziehungsstatus“ bräuchten. (Dieser Ausdruck war von einer Anführungszeichengeste und einem gequälten Gesicht begleitet.)

Mit der Frage, warum Sam nie eine Einladung für ihre Dates aussprach, hätte sie die Katze aus dem Sack gelassen und eingestanden, dass sie tatsächlich emotionale Bedürfnisse hatte. Sam würde schwer enttäuscht sein (jedenfalls befürchtete sie das), dass seine Freundin nicht einfach in Ruhe ihr Ding machte und nicht mit allem einverstanden wäre, was er sich so vorstellte. Sie würde damit einräumen, dass es ihr ein Anliegen sei, zu wissen, wie ernst die Beziehung sei. Und damit würde sie (in ihren Worten) „bedürftig und jämmerlich“ aussehen.

„Mein Leben lang habe ich mich für Frauenrechte eingesetzt und von starken, selbstständigen Frauen geschwärmt. Wie kann es sein, dass ich will, dass ein Mann mir versichert, dass unsere Beziehung Bestand hat? Das ist so peinlich!“ In Marias Augen machten ihre Bedürfnisse sie zu einer jener beklagenswerten Frauen, die einen Mann brauchten, damit es ihnen gut ging. So eine Frau konnte keine echte Feministin sein und kam offensichtlich nicht alleine zurecht. Damit wir als stark und kompetent wahrgenommen werden – auch von uns selbst –, glauben wir, nichts von anderen brauchen zu dürfen.

„Man kann dir nichts recht machen. Darum bist du so unglücklich."

Jemand zu sein, dem andere *nichts recht machen* können, ähnelt den Etiketten *kompliziert* und *fordernd*, hat aber in der Liste potenzieller Herabsetzungen bei der Äußerung unserer Bedürfnisse einen ganz speziellen Rang inne.

Als Laura an ihrem Geburtstag aufwachte, fand sie auf dem Kissen neben sich ein hübsch verpacktes Geschenk vor. Sie trug das Geschenk ins Wohnzimmer und umarmte ihre Partnerin voller Dankbarkeit. Als sie es auspackte, fand sie darin kostspielige Kerzenhalter. Sie bedankte sich überschwänglich und versicherte ihrer Freundin, wie sehr sie diese und das Geschenk zu schätzen wüsste.

Tags darauf weinte sie sich bei unserem Termin über eben jene Kerzenhalter aus. Denn trotz ihrer Dankbarkeitsbezeugungen fühlte sie sich durch dieses Geschenk gerade nicht besonders bedacht. Das beschrieb sie so: „Ich bin eine Frau mit vielerlei Interessen und Hobbys. Kerzen gehören nicht dazu. Nicht einmal zu Hanukkah zünde ich Kerzen an. Es fühlte sich so an, als hätte meine Freundin nach ‚Geburtstagsgeschenk für deine Frau' gegoogelt und das Erstbeste erstanden. Es hat einfach nichts mit mir zu tun. Es war lediglich etwas, was sie guten Gewissens verschenken konnte."

Ihre Freundin hatte eine so unpersönliche Wahl getroffen, dass Laura sich ungesehen und einsam vorkam. Allerdings hatte sie keineswegs vor, ihrer Partnerin diese Gefühle mitzuteilen. „Im Leben nicht!", sagte sie lachend. „Wenn ich das täte, hätte ich doch nur dieselben blöden Kerzenhalter und obendrein ein dickes, fettes Schild um den Hals, auf dem steht: ‚Man kann ihr nichts recht machen.'" Aus Lauras Perspektive würde jedes Gespräch darüber, dass das Geschenk ihrer Partnerin nicht perfekt gewesen und dass deren Aufwand nach hinten losgegangen war, zu einer prompten Verurteilung führen, und zwar von Laura. Sie würde das Problem sein. Mit ihrer Reaktion würde etwas nicht stimmen.

Wir fürchten uns davor, als eine Frau gebrandmarkt zu werden, die nie zufrieden ist, als eine Frau, die nie genug bekommen kann. Wenn wir uns nicht freuen, ist die Enttäuschung darüber *unsere* Schuld. Also unterdrücken wir unsere Reaktion, vermitteln den anderen ein gutes Gefühl und tun so, als seien wir zufrieden.

„Ein anmaßendes Weib!"

Die Liste geht noch weiter. Frauen, die ehrlich benennen, was sie brauchen, und die nicht davor zurückscheuen, ungute Gefühle zu erzeugen - weil für sie nicht im Vordergrund steht, dass man sie mag -, gelten nicht nur als *kompliziert*, *fordernd* und jemand, dem man *nichts recht machen* kann, sondern auch als *anmaßend.* Was Hand in Hand geht mit den Schwestervorwürfen *zickig* und *verbittert.* Eine Frau, die verlangt, dass man ihre Bedürfnisse ernst nimmt, wird gerne zum Gespött gemacht. Frauen, die sagen, was sie denken, und sich dabei vielleicht sogar aufregen, werden von der Gesellschaft gerne mit Verachtung gestraft und ins Lächerliche gezogen. Einer solchen Frau wird oft der Stempel anmaßend aufgedrückt, ganz gleich, wie beherrscht sie sich verhält. Sie gilt als dreist, ausgeflippt und neurotisch, kurz vor der nächstschlimmeren Titulierung als Schreckschraube. Und sowohl Männer als auch Frauen genießen es, eine solche Frau zu hassen.

„Musst du so aggressiv sein?"

Karoline wurde traditionell erzogen. In ihrer Familie waren alle häuslichen und familiären Pflichten Frauensache. Nur ihre Tante Nora tanzte aus der Reihe. Nora war eine attraktive, gepflegte, gebildete Karrierefrau, die kein Blatt vor den Mund nahm und ihre Meinung mit starken Argumenten untermauerte. Sie leistete ihren Anteil an der Zubereitung der Mahlzeiten, steuerte aber nicht nur helfende Hände bei. Wenn die Familie gut auf sie zu sprechen war, bezeichnete man sie als „Powerfrau" und als „eine Naturgewalt". An weniger netten Tagen galt sie als „der Bulldozer" oder „die Dampfwalze".

Aber Karolines Eltern beschwerten sich regelmäßig, dass Nora „immer im Mittelpunkt" stand. „Was glaubt sie eigentlich, wer sie ist?", fragten die Eltern regelmäßig abwertend. Das Narrativ der Familie über Nora war, dass sie aufträte „wie ein Mann", sie hätte „die Eier", all das einzufordern, was sie brauchte (und sogar davon auszugehen, dass sie es auch bekommen müsse).

Trotz dieser negativen Einstufung mochte und bewunderte Karoline ihre Tante, denn sie war eine interessante, lebenslustige Frau, die ihrerseits an Karoline Interesse zeigte. Tante Nora war eine Frau, die keine Angst hatte, zu sagen, was sie dachte und fühlte, die Art Frau, die Karoline für cool hielt – auch wenn niemand anders ihre Meinung teilte. Weshalb Karoline ihre Gedanken verständlicherweise für sich behielt.

Doch unter den regelmäßigen Spötteleien und Urteilen ihrer Eltern ebbte Karolines Bewunderung mit der Zeit ab, bis sie schließlich davon überzeugt war, dass Nora genau die Art Frau war, die man *nicht* werden sollte, die Art Frau, die kein Mann wollte und mit der keine Frau befreundet sein wollte, weil ihr nicht zu trauen war.

Gleichzeitig begann Karoline, sich nicht nur von ihrer Tante abzuwenden, sondern auch von ihren eigenen Ideen und Interessen, von all dem, wofür sie sich begeistern konnte, und den Eigenschaften in ihr, die sie mit ihrer Tante gemeinsam hatte. Sie lernte, sich stiller, liebenswürdiger und sanfter zu präsentieren, als sie eigentlich war, und ihre eigenen Wünsche und Bedürfnisse zu verbergen, um nicht als eine jener Frauen aufzufallen, die zur Kenntnis genommen werden wollen und aggressiv darauf bestanden, sie selbst sein zu dürfen. Karolines Konditionierung besagte, dass es unverschämt und frech war, zu widersprechen, die eigene Meinung zu äußern und ihren gebührenden Platz an der Tafel einzufordern. Das gab nur Ärger und führte dazu, dass andere sich unwohl fühlten und eine solche Person ablehnten. Die Botschaft war eindeutig: Eine starke Frau mit viel Präsenz, die sich nicht für ihr Wesen entschuldigte, war unattraktiv und unweiblich. So eine Frau mochte niemand.

„Mach dich nicht so wichtig!"

Seit ich Vanessa kenne – und das sind jetzt schon viele Jahre –, hat sie Angst davor, unangenehm aufzufallen. Wie Karoline bemüht sie sich darum, nicht *zu viel* Präsenz zu zeigen (also zu laut, zu sichtbar, zu energisch zu sein) und nicht zu viel Raum einzufordern, ob körperlich, emotional, intellektuell oder anderweitig.

Vanessa erinnerte sich, dass ihr Vater eine Frau, die „nicht bereit war, andere vor ihrer Existenz zu schützen", gern als *Tussi* bezeichnet hatte. Wenn eine Frau sich einfach zeigte, wie sie war, ohne sich für ihre Anwesenheit zu entschuldigen oder zu schämen, fühlte sich Vanessas Vater persönlich angegriffen und beleidigt. In seinen Augen schien eine solche Frau unbewusst zu schreien: *Hier bin ich, schau mich an!* Hinter ihrem Rücken verurteilte er solche Frauen wegen Wichtigtuerei und behauptete, sie hätten keinen Anstand und seien nicht in der Lage, sich zusammenzureißen. Was für Vanessa bedeutete, dass sie nicht bereit waren, sich klein zu machen, um toleriert zu werden.

Es dürfte niemanden überraschen, dass Vanessas Mutter eine leise, schmale Frau war, „ein Strich in der Landschaft", stets einlenkend. Aus Vanessas Sicht hatte sie „keine eigenen Ansichten und schien keinerlei Raum einzunehmen ... eher gasförmig als ein Festkörper." Das war verständlich. Vielleicht war es eine Überlebensstrategie, vielleicht der Grund für seine Wahl.

Damit seine Botschaft definitiv ankam, erinnerte Vanessas Vater seine Tochter regelmäßig daran, dass Frauen, die sich wichtigmachten, andere mit ihrem emotionalen Mist behelligten. *Wichtigtuerische* Frauen seien abstoßend, behauptete ihr Vater, da hätte ein Mann Angst, *bei lebendigem Leibe* gefressen zu werden. Die Gefahr, als jemand eingestuft zu werden, der den Bogen überspannte, führte dazu, dass Vanessa sich für alles, was womöglich zu auffällig war, unablässig schämte. Sie kam sich vor „wie ein großer Trampel" – als würde sie sich ständig zu breit machen, obwohl sie sich größte Mühe gab, sich zusammenzunehmen. Ihr Leben lang hielt sie sich sorgsam im Zaum und pfiff sich zurück. Allerdings musste sie ihre Bedürfnisse dafür in einem undurchdringlichen Sarkophag einmauern, hinter dessen Wände nicht einmal sie selbst mehr blicken konnte.

Die Scham und die Demütigung des Vorwurfs, es zu *übertreiben,* führt dazu, dass wir uns in engen Bahnen bewegen und uns aufmerksam überwachen. Das Ziel besteht darin, kleiner und leiser zu werden, weniger, als wir von Natur aus sind. Wir versuchen, eine Person zu werden, in deren Nähe andere sich immer wohl fühlen, die nicht zu viel Raum einnimmt, nicht zu viel Aufmerksamkeit benötigt und niemandem den Eindruck vermittelt, sich angesichts unserer Übertreibungen klein oder übergangen zu fühlen. Auf diese Weise kann man uns liebhaben, und niemand kann uns etwas vorwerfen.

„Du bist total eingebildet!"

Clara war eine Einserschülerin. Sie war das Mädchen, das auf alle Fragen der Lehrer die Antwort wusste. Darüber hinaus war sie Sportlerin in der Schulmannschaft und spielte sehr gut Trompete. Doch trotz ihrer vielen Begabungen und Fähigkeiten war Clara nicht einfach ein Multitalent, sondern sie gab sich bei allem, was sie tat, auch große Mühe.

Claras Erfolge klingen zwar wie ein Glücksfall, aber auf so vielen Ebenen zu glänzen, machte ihr das Leben keineswegs leicht. Ihre Mittelstufenzeit beschrieb sie als „schwierig, verwirrend und beängstigend". In diesem Zeitraum hatte Clara wie so viele Frauen ein ausgesprochen konfliktbeladenes Verhältnis zu ihrem eigenen Potenzial und dem, was sie konnte.

Noch Jahre später sprach sie darüber, wie weh es ihr getan hatte, nicht die Hand zu heben, wenn sie die Antwort wusste und sich melden wollte. Sie erinnerte sich an die Strichlisten, wie oft sie von ihren Lehrern pro Tag ermahnt wurde, nicht so deutlich zu zeigen, was sie alles konnte – und wie sie sich bemühte, diese Strichliste möglichst knapp zu halten. Besonders peinlich war ihr nachträglich ein Vorfall, bei dem sie sich dumm gestellt hatte, obwohl sie das Thema perfekt verstand.

Sie fühlte sich ständig in Gefahr, als arrogant und besserwisserisch zu gelten – als zu eingebildet.

Die Angst, als klug, leistungsstark und talentiert eingestuft zu werden, war weitaus größer als ihr Wunsch, sich zu beteiligen, denn solche Attribute empfinden viele Frauen als problematisch und belastend. Kluge, leistungsstarke Frauen werden häufig als eingebildet, arrogant und wichtigtuerisch eingestuft. Denn wenn eine Frau klug und leistungsfähig ist, gehen andere davon aus, dass sie sich auch selbst dafür hält – und das ist inakzeptabel.

Wir Frauen empfangen eine zweischneidige Botschaft: *Sei klug, sei selbstbewusst, sei stark und falle anderen auf ... aber sei nicht zu klug, zu selbstbewusst, zu stark, und falle bloß nicht übermäßig auf.* Es ist wichtig, dass wir nicht deutlich klüger, selbstsicherer oder auffälliger sind als andere. Dummerweise bleibt die Trennlinie stets verwaschen. Wann ist es zu viel? Wir verwenden viel Energie darauf, uns zu fragen, wie unsere Fähigkeiten und Begabungen bei anderen ankommen, und fühlen uns dafür verantwortlich, darauf zu achten, dass niemand sich aufgrund unserer Stärken (und Anstrengungen) unzureichend, bedroht oder schlechter fühlt. Wir haben das Recht auf unsere Begabungen, solange sich jemand anderes nicht deswegen weniger begabt oder gar unbegabt fühlen könnte. An diesem Punkt werden unsere Fähigkeiten nämlich zum Problem, ja, zu einem Affront, und prompt sind wir schuld daran, wie jemand anderes sich im Vergleich zu uns fühlt.

Bevor wir also unser volles Potenzial ausschöpfen oder uns auch nur damit anfreunden können, müssen wir dafür sorgen, dass es andere Menschen nicht stört. Das Resultat ist der Versuch, auf einem unendlich schmalen Grat zu balancieren: Einerseits sollen wir alles geben, was in uns steckt, unseren

Einsatz würdigen und auf unsere Fähigkeiten stolz sein, andererseits müssen wir uns vor den negativen Urteilen und Projektionen in Acht nehmen, die unsere Fähigkeiten bei anderen auslösen.

„Du stellst dich immer so an!“

Ohne den generellen Vorwurf, dass Frauen „sich immer so *anstellen*“, wäre diese Abhandlung über Bedürfnisse nicht komplett. Frauen, die sich nicht mit der Standardauswahl zufriedengeben, werden diese Sonderwünsche gerne als „Extrawurst“ vorgehalten. Ich ordere selbst gelegentlich etwas, das nicht auf der Karte steht. Doch obwohl ich seit Jahrzehnten über solche Themen spreche, fällt es mir bis heute nicht leicht, um das zu bitten, was ich möchte, und abzulehnen, was ich nicht möchte oder was ich nicht bestellt habe. Ich lasse es mir zwar nicht mehr ausreden und reagiere nicht mehr auf das Belächeltwerden aufgrund meiner abweichenden Wünsche, aber dennoch ist es jedes Mal anstrengend und stressbehaftet, meine persönlichen Bedürfnisse nicht zu übergehen, um allen das Leben etwas leichter zu machen ... auch mir selbst.

Als Frauen lernen wir, uns auf tausenderlei charmante Weise dafür zu entschuldigen, dass wir etwas ganz Bestimmtes wollen. In dem Bemühen, unsere Bedürfnisse erfüllt zu bekommen und trotzdem gemocht zu werden, belächeln wir uns selbst und nehmen alle erdenklichen Abwertungen in Kauf: Wir *stellen uns nur an*, sind *neurotisch, exaltiert, wählerisch, stur* und natürlich *verrückt*. Wir können noch so viel an uns gearbeitet haben, doch wenn wir um eine ungewöhnliche Speise, ein bestimmtes Getränk oder emotionale Rücksicht bitten müssen, verspüren wir Scham, Angst, Frustration und Furcht.

Neulich war ich mit einer Freundin frühstücken. Sie bestellte ihren Toast „trocken, ohne Butter". Ich habe gehört, wie sie exakt diese Worte sagte, sehr deutlich und höflich. Der Kellner schrieb diesen Wunsch allerdings nicht auf. Ich überlegte noch, ob ich ihn fragen sollte, ob er zugehört habe, beherzigte dann jedoch meinen eigenen Rat, sich nicht ständig um alle anderen zu kümmern. Dass meine Freundin einen gebutterten Toast bekam, überraschte mich nicht. Sie nahm es zur Kenntnis, sagte aber nichts.

Nachdem ich ein paar Minuten zugesehen hatte, wie sie ihren Toast ignorierte, fragte ich, warum sie ihn nicht einfach zurückgehen ließe. Immerhin hatte sie sich klar und deutlich geäußert. Ich glaube, ich kannte den Grund bereits, wollte ihn aber noch einmal von ihr hören. Sie sagte: „Ganz ehrlich? Ich habe keine Energie dafür ... Ich will heute nicht die rechthaberische Zicke sein, die sich bloß anstellt und der man es nicht recht machen kann. Du weißt schon, die bescheuerte Neurotikerin. Ich weiß, ich sollte die Sache ausfechten, auch für alle anderen Frauen. Aber heute ist mir das zu anstrengend." Diese Worte hatte ich auf hunderterlei Weise von Hunderten Frauen gehört, doch als sie an diesem Tag aus dem Mund meiner starken, klugen, warmherzigen Freundin kamen, stimmte es mich sehr traurig. Gleichzeitig war es ein Ansporn für mich, dieses Buch fertigzuschreiben.

Etwas zu bestellen, das nicht auf der Karte steht, ist die offensichtlichste Weise, Sonderwünsche anzumelden, doch Frauen können sich diesen speziellen Stempel auf vielerlei Weise verdienen. Eine Frau, die auf ihr Äußeres achtet und Zeit darauf verwendet, stellt sich an, weil sie etwas anderes möchte als das, was ihr zugebilligt wird. Jede Frau, die ihre Wünsche und Bedürfnisse einfordert und glaubt, dass diese berechtigt sind und zählen, trägt dieses Etikett unübersehbar auf der Stirn.

Eine derart *anspruchsvolle* Frau kann man nur mit übermäßigem Aufwand glücklich machen, und sie fordert mehr Einsatz, als ihr zusteht. Und damit sind wir das Problem: wir sind kompliziert und fordernd, nehmen uns zu wichtig und kontrollieren, reagieren neurotisch oder zwanghaft oder aufbrausend, sind nie zufrieden und garantiert verrückt. In dem Vorwurf, sich wieder einmal *anzustellen,* schwingen all diese negativen Urteile mit. Wir können noch so aufgeklärt, selbstbewusst und aufmerksam sein - wenn es darum geht, unserem Gegenüber einen Extraaufwand abzuverlangen, müssen wir mit solchen Urteilen leben, selbst wenn es nur um das Notieren von „Toast *ohne* Butter" geht.

Wenn eine Frau mit Sonderwünschen nicht untergebuttert werden will und sich nicht darum schert, als unerträgliche Nervensäge eingestuft zu werden, wenn sie die Kraft findet, für sich einzustehen, den Mut, von anderen zu verlangen, ihre Wünsche anzuerkennen, wenn sie es wagt, sich so zu verhalten, als würden ihre Bedürfnisse zählen, dann kann sie noch so höflich sein, sie erntet auf jeden Fall Kritik. Und bald gilt sie nicht mehr nur als neurotisch, zwanghaft und durchgeknallt, sondern als fies, aggressiv, streitlustig und feindselig. Das komplette Arsenal der Vorwürfe und Schuldzuweisungen wird auf sie abgefeuert.

Ständig unter Beobachtung

Viele Frauen wollen das Risiko nicht eingehen, für das Aussprechen ihrer echten Bedürfnisse lächerlich gemacht oder beschämt zu werden, beleidigt, belächelt, abfällig behandelt oder pathologisiert. Das ist es nicht wert, denn wir könnten dafür in derselben Schublade enden wie all die anderen

Frauen, die tatsächlich *so* sind. Keine Frau will in *dieser* Schublade landen. Also lernen wir, den Mund zu halten, unsere eigenen Bedürfnisse zu übergehen oder so zu tun, als wären sie erfüllt, obwohl das gar nicht stimmt. Gleichzeitig werden wir immer besser darin, uns so zu verhalten, als hätten wir keinerlei Bedürfnisse, bis wir das schließlich selbst glauben, nur um nicht zu Schaden zu kommen. Und all diese Bewältigungsstrategien erzeugen emotionale Erschöpfung. Wir sind nicht mehr wir selbst. Und wir sind einsam. Vor allem aber liegen wir im Clinch mit dem, was wir brauchen.

Denn wir fürchten nicht nur, mit all diesen negativen Attributen wahrgenommen zu werden, sondern wir fürchten auch, all diese negativen Eigenschaften wirklich zu haben und selbst die Frauen aus diesen gesellschaftlichen Botschaften zu sein, die keiner mag. Wir sehen uns wie im Fokus einer Überwachungskamera, verinnerlichen die Kritik und bauen sie in unser Selbstbild ein. Auf diese Weise erlernen wir das Gefühl, nicht genug zu sein, und fühlen uns schuldig. Wir *sind* also so wenig liebenswert, wie die anderen es sagen. Infolgedessen ist unsere Beziehung zu uns selbst von demselben verurteilenden, abfälligen Beigeschmack durchzogen, den die Gesellschaft uns für Beziehungen vorgibt.

Allerdings ist unsere Einstellung zu den eigenen Bedürfnissen nicht nur von kulturellen Botschaften geprägt, sondern auch davon, wie unsere frühen Bezugspersonen auf unsere Bedürfnisse reagiert haben. Im nächsten Kapitel lade ich dich ein, einen Schritt zurückzutreten und deine Einstellung zu Bedürfnissen im Kontext deiner Herkunftsfamilie zu betrachten. Dabei geht es vor allem darum, welchen Grundstein deine ersten Bezugspersonen dafür gelegt haben, wie du heute deine Bedürfnisse wahrnimmst und darauf reagierst.

KAPITEL 3

Familie: Wie wir lernen, was wir brauchen dürfen (und was nicht)

In diesem Buch geht es darum, wie wir Frauen dafür sorgen können, dass unsere Bedürfnisse erfüllt werden, von uns selbst oder von anderen. Ehe wir uns jedoch eingehender darüber unterhalten können, wie das aussehen könnte, müssen wir uns genauer mit unserem Verhältnis zu unseren eigenen Bedürfnissen befassen: Wie wir sie empfinden und einstufen, warum wir auf unsere spezielle Weise darauf reagieren und warum wir unserem eigenen Erleben gegenüber so misstrauisch sind und es so leicht verurteilen. Und natürlich müssen wir klären, wie es dazu kommen konnte, dass wir uns selbst derart kritisch sehen.

Auf den vorangegangenen Seiten haben wir die Konditionierungen betrachtet, die uns eigene Bedürfnisse ausreden, aber auch die emotionalen Gefahren, die in der westlichen Gesellschaft mit dem Aussprechen von Bedürfnissen einhergehen. Die konfliktreiche und komplizierte Beziehung zu Bedürfnissen lässt sich jedoch nur dann vollständig klären, wenn wir überlegen, wie sie gewachsen ist. Einen entscheidenden Einfluss darauf, wie wir als Erwachsene auf unsere Bedürfnisse reagieren, hat die Einstellung, mit der unsere frühesten

Bezugspersonen auf unsere emotionalen Bedürfnisse reagierten. Diese Bezugspersonen haben es uns vorgelebt: Sie lehrten uns, wie unsere Bedürfnisse andere Menschen *beeinflussen* und wie sie auf uns *zurückwirken*. Aus der Reaktion dieser Personen haben wir abgeleitet, wie Bedürfnisse unsere wichtigsten Beziehungen und die elementare emotionale Sicherheit beeinflussen. Gleichzeitig haben wir gelernt, wie wahrscheinlich es sein kann, dass unsere Bedürfnisse tatsächlich erfüllt werden.

Ein Kind hat in erster Linie eine Aufgabe und ein Ziel: Es muss seine Kindheit körperlich und emotional heil überstehen. Und das kann je nach Achtsamkeit und Empathie in der Familie viele verschiedene Dinge bedeuten. Um dieses Ziel zu erreichen, findet es schnell heraus, ob es seine Bedürfnisse gefahrlos empfinden, zeigen oder auch nur *haben* darf. Es lernt, das innere Erleben zu kontrollieren, um die eigene Sicherheit zu gewährleisten und nicht ungeliebt zu bleiben, aber gleichzeitig ein ausreichend gutes Selbstbild aufzubauen, um in dieser Welt zurechtzukommen. Im Endeffekt lehrt uns die Familie, ob unsere Bedürfnisse *zählen*. Und damit auch, ob *wir* zählen. Unsere aktuelle Einstellung zu den eigenen Bedürfnissen erwächst in hohem Maße aus diesen frühen Lernprozessen.

Wenn deine Bezugspersonen emotional ansprechbar waren, zuhören konnten und dich normalerweise liebevoll umsorgt und deine emotionalen Bedürfnisse gestillt haben, dürfte deine Einstellung zu deinen heutigen Bedürfnissen einigermaßen empathisch und unterstützend sein. Ein Kind von Bezugspersonen, die sich ausreichend auf dessen Bedürfnisse einlassen konnten und diese verstanden haben, empfindet seine Bedürfnisse eher als harmlos und unproblematisch. Wenn deine kindlichen Bedürfnisse jedoch unwirsche, gereizte Reaktionen erzeugt haben, wenn du vernachlässigt oder abgewiesen wurdest, hast du die Erfahrung gemacht, dass manche Bedürfnisse *schlecht* sind und bei den Menschen, auf die du angewiesen bist, ungute Gefühle auslösen. Dieser Mangel an Sicherheit und Liebe führt zumeist zu einem misstrauischen, kritischen Verhältnis zum eigenen Empfinden.

In diesem Kapitel schildere ich verschiedene familiäre Konstellationen, die du vielleicht ähnlich erlebt hast. Ich reiße diese Szenarien nur oberflächlich an und lade dich ein, selbst gründlicher darüber nachzudenken. Lies die Abschnitte langsam, mit Pausen, nicht alle nacheinander, und achte darauf, welche Reaktionen die verschiedenen Versorgungsstile in dir aufkommen lassen. Wo erkennst du dich und deine Familie wieder?

Wie hat das häusliche Umfeld in deiner Kindheit die Art und Weise geprägt, wie du heute auf andere zugehst, um deine Bedürfnisse erfüllt zu bekommen? Überlege, wie deine Bezugspersonen auf deine Bedürfnisse eingegangen sind und inwiefern das deinen Umgang mit heutigen Wünschen beeinflusst. Frage dich (freundlich): *Lasse ich mich immer noch von denselben Annahmen und Befürchtungen leiten, die für mich als Kind logisch waren? Versuche ich noch immer, mich vor den Risiken meiner Kindheitsumgebung zu schützen?*

Erkenne die Schwierigkeiten an, die du durchlebt und umschifft hast, bevor du weiterliest. Und erkenne vor allem an, wie findig oder sogar genial du dich darum bemüht hast, für dich zu sorgen – ohne die entsprechenden Ressourcen und das dafür erforderliche Bewusstsein.

Draußen in der Kälte

Wenn ein Kind in einer Umgebung aufwächst, in der seine emotionalen Bedürfnisse kein Echo finden, oder wenn das, was die Bezugspersonen geben können, seiner individuellen emotionalen Situation nicht gut entspricht, oder wenn es seiner Umgebung an Empathie mangelt, dann lernt es, mit den eigenen Gefühlen ebenso umzugehen: Indem es dicht macht und sie ausblendet. Es wird gefühlstaub, hört nicht mehr hin und kümmert sich nicht mehr darum, weil es davon ausgeht, dass sowieso niemand kommt und nichts ihm helfen kann.

Patty erlebte ihr Zuhause als emotional und faktisch kalt. Das Haus, in dem sie aufwuchs, war so groß wie die innere Leere, die sie empfand, und die wenigen Bewohner schienen einander kaum zu kennen. Sie war ein Einzelkind - sensibel, oft traurig und ausgesprochen empfindsam. „Es war, als hätte mich der Storch im falschen Haus abgesetzt: Ich hätte in den warmen Regenwald gehört, wurde aber in einer emotionalen Tundra groß." Es gab immer genug zu essen, auch ihre Kleider waren immer frisch gewaschen und gebügelt. Der Vater sorgte für alle materiellen Dinge, doch es gab niemanden, der emotionalen Rückhalt bot, schon gar nicht etwas so Extravagantes wie Empathie. „Es gab keine offenen Arme", fasste sie es zusammen.

Wenn Patty doch einmal etwas erzählte, zum Beispiel, dass eine Freundin sie nicht zum Geburtstag eingeladen hatte oder dass die beliebtesten Mädchen sich über sie lustig machten, reagierte ihre Mutter in ihren Augen „erschütternd unbeholfen ... als hätte sie keine Ahnung, was sie zu mir sagen sollte, geschweige denn, wie sie mich trösten könnte." Die Mutter klopfte ihr höchstens etwas hilflos auf die Schulter, oder es kamen Floskeln wie: „Du findest andere Freunde." Das, was ihre Mutter anbot, konnte Patty jedoch in keiner Weise trösten. Sie fühlte sich dadurch weder besser noch geliebt. Insgesamt kam Patty sich mutterseelenallein vor, wie ein Untermieter im Haus ihrer Eltern.

In einer solchen Umgebung entsteht das Grundgefühl, ganz allein auf der Welt und in Bezug auf deine Bedürfnisse (und alles andere) vollständig auf dich gestellt zu sein. Irgendwann bist du dann davon überzeugt, dass du dich nur auf dich selbst verlassen kannst. Vielleicht hoffst du immer noch, dass die anderen das Beste für dich wollen, aber innerlich glaubst du nicht mehr daran, dass jemand dir tatsächlich *helfen* kann.

Darum blendest du deine Gefühle aus und teilst nichts mehr mit, was dieses Gefühl von Verletzlichkeit oder Alleingelassensein erneut aufwühlen könnte. Emotional wirst du innerlich zur Insel und durchlebst weiterhin diese frühen Erfahrungen, den frühen Mangel, obwohl du deinem Elternhaus längst den Rücken gekehrt hast.

Zu viel geschultert

Mitunter waren die frühen Bezugspersonen von den Bedürfnissen ihres Kindes permanent überfordert. Können sie nicht ruhig und emotional stabil reagieren, entwickelt das aufgewühlte Kind mitunter andere Abwehrstrategien und wächst zu einer Frau heran, für die emotionale Bedürfnisse nicht nur unwillkommen sind, sondern gefährlich und potenziell destruktiv.

Stephanies Mutter war eine ängstliche, unsichere, emotional labile Frau. „Wenn ich Hilfe brauchte oder es mir schlecht ging, war meine Mutter von meinen Gefühlen überfordert und brach buchstäblich in Tränen aus", sagte Stephanie. Die Mutter konnte ihr nicht helfen, ihre kindlichen Erfahrungen einzuordnen. Damit fehlte Stephanie nicht nur die tröstende Führung, die sie als Kind benötigt hätte, sondern die beängstigende, destabilisierende Verfassung ihrer Mutter wurde ihrerseits zu einer Stressquelle für Stephanie – ein weiteres Problem, zusätzlich zu all dem anderen, womit sie zu kämpfen hatte.

Gleichzeitig entwickelte Stephanie Schuldgefühle bezüglich ihrer Bedürfnisse. „Ich wollte meine Mutter nicht zum Weinen bringen, sie nicht mit meinen Problemen behelligen." Bedürfnisse zu benennen, machte ihre Lage jedoch nicht besser, sondern schlimmer, und zwar nicht nur für sie, sondern offenkundig für alle Beteiligten.

Und wenn Stephanie mit etwas, das sie nicht selbst lösen oder in Ordnung bringen konnte, zu ihrem Vater ging, war dessen erste Reaktion: „Sag das nicht deiner Mutter." Der Grund dafür war: „Mein Vater wollte sich nicht mit dem Kummer meiner Mutter auseinandersetzen und die Scherben auflesen müssen, wenn sie von *meinen* Problemen erführe." Bald hatte Stephanie verinnerlicht, dass Probleme und emotionale Bedürfnisse gefährlich waren. Ihre Bedürfnisse störten nicht nur das Befinden ihrer Mutter, sondern auch das ihres Vaters. Sie schadeten den beiden Personen, die sie am meisten brauchte und deren Wohlergehen für sie am wichtigsten war. Ein derartiger Konflikt kommt sehr häufig vor.

Wenn du wie Stephanie aufgewachsen bist, erzeugte deine Verletzlichkeit ein emotionales Chaos, das Schuldgefühle und Scham nach sich zog, weil du dieses Durcheinander verursacht und denen, die dich liebten und brauchten, Schmerz zugefügt hattest. Auf dieser Grundlage hast du wahrscheinlich gelernt, deine Bedürfnisse für dich zu behalten und nur das zu zeigen, was unproblematisch erscheint, oder dich erst zu äußern, wenn du alles für dich geklärt hast. In solchen Situationen lernt man, dass es leichter ist, Bedürfnisse erst dann mitzuteilen, wenn ihre Erfüllung nicht mehr wichtig ist, hübsch verpackt als etwas, das du zwar erlebt, aber inzwischen zum Glück längst selbst gelöst hast.

Die frühe Lektion lautete: Deine Bedürfnisse können diejenigen, auf die du dich verlässt und die dich lieben, überfordern. Das ist in jedem Alter eine verwirrende Botschaft, die uns lehrt, dass andere nicht in der Lage sind, uns solide Unterstützung zu gewähren, uns zu trösten und zu halten, wenn *wir* verletzlich sind. So begreifen wir schnell, dass Anleitung und Hilfe nicht in Frage kommen. Die eigenen Bedürfnisse kommen uns überwältigend und unüberschaubar vor und drohen jeden zu zerstören, der ihnen in die Quere kommt. Die Schlussfolgerung lautet dann, dass du die Einzige bist, die mit deinen Bedürfnissen umgehen kann.

Wenn du in einem derartigen emotionalen Umfeld aufwächst, verstehst du es bald meisterlich, es allen recht zu machen. Du wirst zu einer Frau, die richtig gut darin ist, andere glücklich zu machen. *Nicht gut* ist inakzeptabel, das hast du gelernt, also sorgst du dafür, dass es nicht vorkommt.

Parallel dazu bist du möglicherweise extrem tüchtig und unabhängig, die Frau, die immer alles im Griff hat und sich alle Wünsche selbst erfüllt - oder einfach keine hat. Deine Bewältigungsstrategien sind übertriebene Freundlichkeit und Findigkeit. Damit willst du dich davor schützen, den Kummer, den du in deiner frühen Kindheit erlebt hast, noch einmal zu spüren. Um gemocht und akzeptiert zu werden, kümmerst du dich um andere. Daraus beziehst du Selbstachtung und Identität.

Und bis zu einem gewissen Grad funktioniert das auch. Doch indem du es allen recht machst, erreichst du zwar die gewünschte Sicherheit und fühlst dich vielleicht auch stark, aber am Ende ist die Strategie, *alles im Griff* zu haben, unbefriedigend. Zumal dieses Vorgehen (wie jedes andere Kompensationsverhalten auch) nur ein Kindheitsmuster fortsetzt und deine eigenen Bedürfnisse weiterhin nicht ausreichend befriedigt werden.

„Was ist denn jetzt schon wieder?!"

Eine weitere häusliche Grundsituation ist leider weit verbreitet: das schuldzuweisende Umfeld. Haben deine Bezugspersonen auf deine Bedürfnisse regelmäßig gereizt und verärgert reagiert, vielleicht sogar mit Liebesentzug? Waren deine Bedürfnisse diesen Menschen lästig und ein Ärgernis? Oder wurdest gar *du* selbst dadurch lästig oder zum Ärgernis oder zur Zielscheibe?

Wenn es Kara nicht gut ging, wenn sie in irgendeiner Form Hilfe oder Trost brauchte, brüllte ihr Vater wütend: „Was ist denn jetzt schon wieder?" Ihre Bedürfnisse lösten eine zornige Reaktion aus. Man schimpfte mit ihr und bestrafte sie häufig dafür, wenn sie zeigte, dass es ihr schlecht ging. Ihre Eltern nahmen ihre Bedürfnisse nicht nur als *blöden Mist* wahr, sondern obendrein als etwas, das sie *ihnen* auch noch absichtlich antat. „Meine Bedürfnisse waren meine Schuld, denn ich brachte damit *ihre* Welt durcheinander." Weil sie jedoch ein Kind war, das keinen anderen Bezugsrahmen und keine Vergleichserfahrung hatte, ordnete sie die Reaktion ihrer Eltern (kindgemäß) als Standard ein: So war das Leben, so war die Liebe. Und sie tat, was wir alle tun, und korrigierte ihr

Verhalten. Wenn das, was in einer Familie als normal gilt, nicht normal ist, lernen die Kinder eben, nicht normal zu sein.

Wer so aufgewachsen ist, verknüpft eigene Bedürfnisse wahrscheinlich mit Schuld und Furcht, aber auch mit Scham: Wenn du Bedürfnisse hast, stimmt etwas mit dir nicht, denn es macht die Menschen, die dir wichtig sind, wütend auf dich. Sprich: Bedürfnisse zu haben, bedeutet, abgelehnt zu werden. Damit deine Beziehungen sich sicher anfühlen (was dem Bedürfnis, geliebt zu werden, entspricht), lernst du in einem solchen Umfeld, deine Bedürfnisse zu begraben, ja, *dich selbst* zu begraben. Und damit fühlst du dich emotional abgekapselt und unerfüllt. Die eigenen Bedürfnisse zu unterdrücken, lässt sich auf Dauer nicht durchhalten, denn man kann sich nicht geliebt fühlen, wenn man sich nicht gesehen fühlt und die eigenen Bedürfnisse unerwünscht sind.

„Nicht du auch noch!"

Dass deine Bedürfnisse ein Ärgernis sind, ist eine Botschaft, die nicht nur in aggressiven Umgebungen entsteht. Auch wenn Eltern viel um die Ohren und viele Sorgen haben, kann sich eine furchtsame und unfreundliche Beziehung den eigenen Bedürfnissen gegenüber entwickeln.

Wann immer Nina an ihre Kindheit zurückdachte, kam ihr ständiges Chaos in den Sinn. Irgendwie war sie immer im Weg. Wie sie es beschrieb, hatte niemand noch Kapazitäten frei für etwas so Unbedeutendes wie die Gefühle oder Nöte eines Kindes, zumal dieses Kind keinen Job hatte und damit in den Augen der anderen auch keinen echten Stress haben konnte. Die Erwachsenen waren so damit beschäftigt, den Lebensunterhalt zu verdienen und jeden Brandherd zu löschen, dass es absurd und selbstsüchtig, ja, gierig erschienen wäre, noch mehr von ihnen zu verlangen. Damit wäre Nina nur ein weiteres Problem für ihre Eltern gewesen, die sowieso schon so viele Probleme hatten. Für Ninas emotionale Bedürfnisse war kein Platz. Etwas zu brauchen, hätte bedeutet, Zeit und Aufmerksamkeit zu erbitten, die ihre Bezugspersonen nicht erübrigen konnten.

Weil die wichtigsten Erwachsenen in ihrem Leben so überfordert, überlastet und mit sich selbst beschäftigt waren, empfand Nina Schuldgefühle, ohne ihre Schuld genau benennen zu können. „Ich fühlte mich schuldig. Allein schon für meine Existenz." Daraus lernte sie, dass es rücksichtsvoller (und klüger) war, die eigenen Bedürfnisse für sich zu behalten, um ihren Eltern, die schon genug eigene Probleme hatten, nicht noch mehr aufzubürden. Wie wir alle wollte Nina geliebt werden. Sie wollte gut sein, *nicht* etwa ein Problem. Doch in ihrer Familie (und in vielen anderen Familien) bedeutete „geliebt werden", dass sie auf ihre Bezugspersonen einging – indem sie diese in Ruhe ließ und nicht um das bat, was sie brauchte.

Wenn du mit überforderten, stark belasteten Bezugspersonen aufgewachsen bist, beziehst du Selbstwert und Identität daraus, wie gut du dich um dich selbst kümmern kannst. Dann hängt die Selbstachtung mit der Fähigkeit zusammen, *nichts* zu brauchen und *kein Problem* zu sein. Am liebsten bleibst du unsichtbar, es sei denn, du kannst andere glücklich machen. Genau diese Fähigkeit – *nichts zu brauchen und nie um Hilfe zu bitten* – verschafft dir Anerkennung und Respekt. „Sie ist so unkompliziert ... Nie braucht sie etwas. Sie schafft alles ganz allein. Sie macht es uns so leicht!" Es fühlt sich so an, als würdest du genau dafür geliebt, dass du in einer Umgebung, von der du intuitiv weißt, dass sie keinen Raum für Bedürfnisse hat, tatsächlich nichts brauchst.

Bei einer solchen Geschichte kann es lange dauern, bis du sicher bist, dass dein Wert sich nicht daran bemisst, dass du ganz und gar dir selbst genug bist und keinerlei Bedürfnisse hast. Es muss vieles heilen, ehe du glauben kannst, dass du jemals auf eine Weise geliebt wirst, bei der deine Bedürfnisse *nicht* als Problem angesehen werden.

Deine Bedürfnisse, deine Schuld

Vorwürfe sind in Familien leider oft an der Tagesordnung. Und sie sind niemals hilfreich oder ein Ausdruck von Liebe. Vielleicht bist du in einem Haushalt aufgewachsen, in dem deine Bedürfnisse als Waffe gegen dich eingesetzt wurden, als Anlass zu Kritik und dazu, auf deinen Schwächen herumzureiten.

Wenn Adriana zugab, dass es ihr nicht gut ging, wurden ihr sofort ihre Fehler vorgehalten. Die Botschaft ihrer Eltern lautete: „Was für Probleme, Gefühle oder Bedürfnisse du auch haben magst, es liegt nur an dir." *Sie* war zu sensibel, zu bedürftig, zu verletzlich, hatte eine zu niedrige Schmerzschwelle, erwartete zu viel von anderen, konnte die Leute nicht einfach so nehmen, wie sie waren, wollte zu viel ... und so weiter. Was es auch war, die Lösung war immer dieselbe: Adriana musste sich verändern. Sich selbst reparieren.

Es dürfte niemanden überraschen, dass Adriana bei starken Emotionen augenblicklich auch Scham empfand. Ihre Bedürfnisse waren der Beweis für ihre Unzulänglichkeit und alles andere, was an ihr verkehrt und nicht liebenswert war. Wenn sie ihnen Ausdruck verlieh, hielt man ihr zahllose Fehler vor, an denen sie arbeiten sollte, und am Ende empfand sie Selbsthass und Scham. Das half ihr nicht weiter. Also lernte sie, ihre emotionalen Bedürfnisse zu ersticken, noch ehe sie sich vollständig ausbilden konnten. Als Erwachsene brauchte sie sich nicht mehr verkehrt und nicht liebenswert zu fühlen, empfand aber auch sonst nicht mehr viel.

Wer in einer solchen Umgebung aufwächst, präsentiert sich anderen später gern als sehr hilfsbereit und mitunter aufgesetzt positiv. Hinter dieser Maske steckt allerdings eine Person, die Angst hat, zu zeigen, was sie wirklich denkt und fühlt. Eine solche Frau hat gelernt, sich selbst um sich zu kümmern oder so zu tun, als bräuchte sie nichts, und alles mit sich auszumachen. Am Ende bist du dann jemand, dem es immer „gut" geht, denn wenn es nicht so ist, gibt es auch nur eine Person, die daran schuld sein kann: Du selbst.

„Und was ist mit mir?"

In wieder anderen Familienkonstellationen ist die Benennung eines Bedürfnisses wie ein Stich ins Wespennest, weil ein Elternteil prompt den eigenen Rucksack auspackt.

Als Serena an Situationen zurückdachte, in denen sie etwas brauchte oder in denen es ihr einfach schlecht ging, fiel ihr ein, dass solche Äußerungen bei ihrer Mutter eine Litanei an Selbstvorwürfen auslösten. Was für eine schlimme Mutter sie doch sei, was für ein unfähiger Mensch und wie sehr sie bei Serena versagt hätte (der einzige Grund dafür, dass es Serena schlecht ginge). Serenas Bedürfnisse wurden aus der Perspektive beantwortet, was sie für ihre Mutter bedeuteten – eine Verurteilung ihrer mütterlichen Leistung oder ihres Charakters. Serenas Probleme lösten bei ihrer Mutter Selbsthass und Reue aus, wodurch sich Serena naturgemäß schuldig und für das Leid ihrer Mutter verantwortlich fühlte.

Gleichzeitig ärgerte sich Serena über die Reaktion der Mutter, die herumjammerte, dass sie ihr früher nicht gerecht geworden war, denn damit ließ sie ihre Tochter aktiv erneut im Stich – indem sie sich weigerte, jetzt eine gute Mutter zu sein. Wie Serena es ausdrückte: „Irgendwann erzählte ich ihr nichts mehr, was mir zu schaffen machte, denn ich konnte einfach nicht mehr ertragen, wie sie sich dann fertigmachte, dass mein Erlebnis nur ihre Schuld sei und wie sehr sie versagt hätte. Meine Gefühle drehten sich immer nur um *sie*, nie um mich. Es hätte mir also gar nichts *gebracht*, ihr etwas zu erzählen."

Wenn du in einer Familie aufwächst, in der deine Gefühle und Nöte als narzisstischer Angriff auf deine Bezugspersonen erlebt werden, als ginge es nur darum, was *diese* dabei empfinden, hörst du bald auf, etwas von dir zu erzählen. Es lohnt sich einfach nicht, weil sich dieser Elternteil dann schlecht fühlt und von Schuld und Selbsthass übermannt wird. Zudem lohnt es sich nicht, weil dein Erleben von diesem Elternteil gekapert wird. So erlebst du erneut, wie unbeeltert du in Wahrheit bist. Die Lektion lautete: Es geht bei meiner Erfahrung nie ganz allein um *mich*. Mein Gegenüber ist immer irgendwie involviert. In einer solchen Situation leidest du am wenigsten, wenn du deine Bedürfnisse vergisst oder zumindest für dich behältst.

Die Klippen der Tugend: Sei stark oder sei schwach – es ist deine Wahl!

In jeder Familie gibt es bestimmte Eigenschaften oder Tugenden, die besonders geschätzt werden, selbst wenn man nie darüber spricht. Bestimmt musst du nicht lange darüber nachdenken, welche Eigenschaften jemand haben sollte, um in den

Augen deiner Eltern gut und bewundernswert zu sein. Auch dieses Wertesystem und das, wovor deine Familie Respekt hatte, spielt später eine wichtige Rolle für die Beziehung zu den eigenen Bedürfnissen und ob du diese anderen und dir selbst eingestehen möchtest oder nicht.

Willow stammte aus einer Familie mit der klassisch protestantischen Arbeitsethik. Stark und findig waren die größten Komplimente, die man jemandem machen konnte. Ganz besonders schätzten und bewunderten ihre Eltern Menschen, die genügsam, fleißig und unabhängig waren, um nichts baten und nichts brauchten. Die Fähigkeit, sich Herausforderungen zu stellen, ohne herumzujammern oder andere damit zu behelligen, galt als Tugend höchster Güte. Je besser jemand auf eigene Faust zurechtkam, desto besser war diese Person.

Zu Willows Lieblingserinnerungen zählte der Tag, als ihre Mutter sie nebenbei als *patentes* Mädchen bezeichnete. Das war das ultimative Kompliment, und in diesem Augenblick wusste Willow, dass sie nicht nur respektiert wurde, sondern wirklich geliebt. Sie hatte sich im Herzen ihrer Mutter einen Platz erobert. Damit erlaubte sie auch sich selbst, sich in diesem positiven Licht zu sehen.

Gemäß dieser frühen Blaupause war dann natürlich auch die erwachsene Willow eine resiliente Frau, die gut alleine zurechtkam. Emotionale Bedürfnisse zu zeigen, kam nicht in Frage. Das wäre ein Eingeständnis gewesen, dass sie schwach wäre und es nicht alleine schaffte, was wiederum jede Chance zerstört hätte, so stark und unabhängig zu erscheinen, wie sie unbedingt sein wollte. Stärke und Bedürfnisse waren nicht miteinander vereinbar.

Also lernte Willow, ihre Bedürfnisse nicht zuzugeben. Sie kümmerte sich selbst darum, ohne *herumzuheulen* oder Hilfe zu erwarten. In ihren Worten ausgedrückt: „Meine Bedürfnisse sind meine Verantwortung.“ Für sie war es am wichtigsten, das *patente* Mädchen zu bleiben, das ihre Mutter schätzte – die Art Mensch, die ihre Mutter lieben *konnte*.

Emotionale Stärke ist eine Eigenschaft, die in vielen Familien einen hohen Wert hat. Wer Stärke beweist, ist wertvoll und wird bewundert. Die Fähigkeit, Schwierigkeiten klaglos zu überstehen, gilt in unserer Kultur als edel. Wenn wir jedoch nicht aufpassen, kann Stärke auch mit Bedürfnislosigkeit verschmelzen: Wenn wir Bedürfnisse haben, sind wir schwach; wenn wir keine haben, sind wir stark. Mit dieser Schlussfolgerung werden familiäre Wertvorstellungen zu absoluten Wahrheiten, und wir werten unsere Bedürfnisse ab, um unser Selbstbild und unsere Identität intakt zu halten.

Selbstlosigkeit als Tapferkeitsmedaille

Wie viele Mädchen orientierte sich Betsy bei der Frage, was eine tugendhafte Frau sei, an ihrer Mutter, indem sie beobachtete, wie sich ihre Mutter um die Familie kümmerte. Für Betsy war ihre Mutter dazu geschaffen, für andere zu sorgen: „Der Sinn und Zweck ihres Lebens war das Bedienen.“

Gleichzeitig schien ihre Mutter jedoch keine vollständige Person mit eigenen Rechten zu sein, jemand mit eigenen Wünschen und Bedürfnissen. Betsy hatte keine Ahnung, wer ihre Mutter wirklich war. Sie sagte dazu: „Meine Mutter war ein Mensch, dessen Lebensinhalt darin bestand, dafür zu sorgen, dass *alle anderen* bekamen, was sie brauchten. Meine Schwestern und ich gingen lange davon aus, dass sie sich einfach in Luft auflöste, wenn wir nicht da waren.“

Gleichzeitig war Betsys Mutter auch im Hinblick auf ihre Beziehung ein Rollenmodell ohne unabhängiges Selbst. Jahrelang sah die Mutter der zunehmenden Schmerzmittelsucht von Betsys Vater tatenlos zu. Beide Eltern lebten in einem Zustand von Leugnung und Passivität, keiner der beiden übernahm die Verantwortung für das eigene Leben. Um in einer solchen Familiendynamik Verantwortung für die eigenen Bedürfnisse zu übernehmen, hätte ein Elternteil ein unabhängiges, autonomes Selbst entwickeln müssen – das jedoch wäre illoyal gewesen und ein Ausbruch aus der Symbiose, die ihre Partnerschaft definierte. Die Elternbeziehung war als unverbrüchliche Einheit geschmiedet, die keine zwei voneinander getrennten Hälften gestattete.

Ein Mädchen, das mit einer derart selbstlosen Mutter (oder einem vergleichbaren weiblichen Rollenmodell) aufwächst, lernt, die eigenen Bedürfnisse als Verrat an der größeren Familieneinheit und denen, die es liebt, zu definieren. So entsteht die Überzeugung, kein Recht auf die eigenen Bedürfnisse zu haben. Wer bist *du*, dass man sich um deine Bedürfnisse kümmern sollte? Was macht *dich* so besonders? Wäre das wirklich gerecht, wenn deine Mutter doch ihr ganzes Leben für dich geopfert und dir alles gegeben hat? Wenn du in einer solchen Konstellation aufgewachsen bist, glaubst du vielleicht noch viele Jahre nach deinem Auszug, dass du dein Leben in den Dienst anderer stellen solltest, und du empfindest Schuldgefühle, wenn du dich um dich selbst kümmerst.

Aber bin ich das wirklich wert?

Die vielleicht wichtigste Wahrheit, die du in der Kindheit lernen kannst, ist, dass du es wert bist, geliebt zu werden, und dass dieser Wert nicht darauf beruht, was du tust oder leistest oder zu bieten hast, und es nichts ist, was du dir verdienen oder beweisen musst. Dein Wert besteht in der Person, die du bist – ohne Wenn und Aber, einfach weil du *existierst*. Ein Kind in diesem Wissen zu bestärken, ist der wichtigste Aspekt der Kindererziehung. Meiner Erfahrung nach werden jedoch leider nur wenige Menschen mit dieser Art von Liebe groß. Kaum jemand ist ernsthaft vom grundsätzlichen, eigenen Wert überzeugt. In dem Vertrauen auf bedingungslosen, unbestreitbaren Selbstwert aufzuwachsen, nicht weil wir etwas tun, sondern weil wir sind, wer wir sind, ist die Ausnahme, nicht die Regel.

Als ich Gina kennenlernte, war ich sehr beeindruckt von ihrer liebenswürdigen Art. Eine ihrer ersten Aussagen lautete ironischerweise jedoch: „Wann immer ich eine Freundin um etwas bitte – und wenn es nur ein wenig gemeinsam verbrachte Zeit ist, ein offenes Ohr –, fühle ich mich verpflichtet, Muffins mitzubringen. Vermutlich um ihr wenigstens eine *Kleinigkeit* zurückzugeben, damit ich ihre Zeit wert bin." So viele Frauen haben wie Gina das Gefühl, *mehr* als uns selbst anbieten zu müssen – *für* unser Gegenüber irgendetwas Besonderes tun zu müssen. *Wir* selbst sind nicht genug, also müssen wir dafür sorgen, dass auch *sie* etwas davon haben.

Wenn du in einem Umfeld groß wirst, dass dir kein grundsätzliches Selbstwertgefühl vermittelt, kein Vertrauen in den persönlichen Wert, und du dir später nicht gut genug (oder insgesamt unzureichend) vorkommst, dann neigst du naturgemäß zu der Auffassung, dass auch deine Bedürfnisse es nicht wert sind und du deren Erfüllung nicht verdient hast. Deine Bedürfnisse sind nicht wichtig, weil du nicht wichtig bist. *Warum sollte es jemanden kümmern, was ich will und brauche? Warum sollte es mich kümmern?* Dass die Bedürfnisse anderer wichtig sind und aufmerksame Zuwendung verdient haben, kannst du leicht erkennen. Aber deine *eigenen*? *Das* ist schwer zu glauben.

Die Vergangenheit verstehen, die Gegenwart wählen

Wie auf deine Bedürfnisse eingegangen wurde, als du klein warst, und welche Perspektive du hierzu von deinen Bezugspersonen übernommen hast, ist die Ausgangsbasis dafür, wie du als Erwachsene reagierst, wenn du etwas brauchst. Ich hoffe, das ist inzwischen klar. Wenn wir uns der eigenen Geschichte jedoch nicht bewusst sind, können frühe Erfahrungen uns ein Verhalten aufzwingen, das ungesund und kontraproduktiv ist. Wenn du deiner emotionalen Erschöpfung auf den Grund gehen willst, musst du dich mit deinem frühkindlichen Erleben befassen, denn das ist der Zeitpunkt, an dem deine Glaubenssätze über Bedürfnisse entstanden sind und sich gefestigt haben. Damals hast du gelernt, diese Bedürfnisse so zu verbiegen, dass sie einigermaßen akzeptabel waren. Das ist der Zeitpunkt, an dem wir entscheiden, was wir tun müssen, um dazuzugehören – und um zu überleben.

Ich habe dir diese archetypischen Konstellationen vorgestellt, um dich auf deine frühkindlichen Erfahrungen und Bewältigungsstrategien in Bezug auf Bedürfnisse neugierig zu machen. Die folgenden Fragen klingen vielleicht sehr ähnlich, können aber verschiedene Erkenntnisse anstoßen, wenn man sich Schritt für Schritt mit ihnen auseinandersetzt, mit einer Frage nach der anderen. Lass diese Fragen auf dich wirken, und bleibe immer, immer, immer neugierig und freundlich, was auch dabei hochkommen mag.

Wenn du an deine Kindheit zurückdenkst:

- Wie wurde auf deine Bedürfnisse und Gefühle eingegangen?
- Wie hast du dich gefühlt, wenn du deine Eltern oder andere Bezugspersonen um Hilfe oder Trost bitten wolltest?
- Welche Reaktion lösten deine Bedürfnisse und Gefühle bei deinen Bezugspersonen aus? Gab es Konsequenzen, wenn du um etwas gebeten hattest, was du brauchtest, oder deine Gefühle ehrlich geäußert hattest? Wenn ja, was waren das für Konsequenzen, und wie hast du darauf reagiert?
- Welche ausgesprochenen oder unausgesprochenen Vorstellungen gab es im Hinblick auf Bedürfnisse und die Menschen, die sie äußerten?
- Inwiefern beeinflussen frühe Erfahrungen mit Bezugspersonen deiner Meinung nach die Art und Weise, wie du dich heute um die Erfüllung deiner Bedürfnisse bemühst?
- Und wie beeinflussen diese frühen Erfahrungen mit Bezugspersonen die Art und Weise, wie du deine eigenen Bedürfnisse betrachtest?

Der Sinn dieser Übung besteht darin, die Umgebung wahrzunehmen, in der deine Bedürfnisse keimen konnten oder aber zertreten und ausgehungert wurden. Mach dir bewusst, inwiefern du dich durch das Ignorieren, Herunterschlucken oder Verurteilen deiner Bedürfnisse einst sicher fühlen konntest (was damals eine kluge Anpassungsstrategie war).

Und mach dir auch bewusst: Du bist nicht voller Angst, Wut oder Misstrauen gegenüber dir selbst zur Welt gekommen. Deine skeptische Einstellung zu deinen Bedürfnissen ist nicht angeboren. Was uns angeboren ist, ist der Drang, uns selbst zu schützen und für uns zu sorgen. Wenn wir ins Leben treten, sind wir ganz auf unserer Seite. Dennoch könntest du gelernt haben, deine natürlichen Instinkte durch einen unnatürlichen, ungesunden Umgang mit dir selbst zu übertünchen, nur um dich sicher zu fühlen und dadurch auf dich selbst aufzupassen. Die gute Nachricht lautet: Jener Anteil in dir, der diesem gesunden Selbstschutz dient und dir *angeboren* ist, ist immer noch da und wartet nur darauf, endlich zum Zuge kommen zu dürfen.

Das Fürchten gelernt

Dass wir unsere Bedürfnisse als gefährlich einstufen, liegt nicht daran, dass sie tatsächlich gefährlich sind oder dass es uns Freude machen oder leichtfallen würde, sie so zu sehen. Es macht keinen Spaß, das eigene Erleben auszublenden, und es ist auch nicht leicht. Wir scheuen vor unseren Bedürfnissen zurück, weil die Lebenserfahrung uns gelehrt hat, dass wir möglicherweise nicht mehr geliebt werden, wenn wir sie äußern, und dass unsere wichtigsten Beziehungen damit konfliktreich und schwierig werden. Wir lernen, dass es besser ist, unsere Bedürfnisse mit Argusaugen zu kontrollieren, damit wir in dem System, in dem wir überleben müssen, sicher sind. Wir kommen zu dem Schluss, dass es einfacher und zweckdienlicher ist, wenn wir uns um andere kümmern, anstatt um uns selbst. Das wird schnell zur Gewohnheit – und schon sind wir eben so.

Vor allem aber lernen wir, dass unser tiefstes Bedürfnis, der Wunsch dazuzugehören, durch unsere anderen Bedürfnisse in Gefahr gerät. Deshalb wählen wir den Weg, der uns das verspricht, was am meisten zählt und was wir am meisten brauchen: Sicherheit und Liebe. So wird der Weg der Bedürfnislosigkeit zum Leitsatz unseres Lebens.

Erst die bewusste Wahrnehmung lässt gewohnte Reaktionsmuster in sich zusammenfallen. Wenn wir unsere dunklen Flecken ausleuchten, erkennen wir, an welcher Stelle wir auf überholte Verhaltensweisen zurückgreifen, weil wir glauben, sie könnten uns nach wie vor beschützen. Wenn du dir deiner frühen Konditionierungen bewusst wirst und erkennst, wie deine Bezugspersonen auf deine Bedürfnisse eingingen – was in der Familie zählte und wie diese Faktoren dein Verhalten und deine Glaubenssätze geformt haben –, und wenn du durchschaust, welchen Umgang mit dir selbst du erlernt hast, um deine Bedürfnisse zu stillen, dann bist du auf dem Weg zu emotionaler Freiheit. Damit kannst du dir eine neue Beziehung zu dir selbst erarbeiten.

Mit mehr bewusster Klarheit bist du gut gerüstet, um selbst zu entscheiden, ob es immer noch erforderlich ist, aus der Perspektive eines Kindes und mit den damaligen Bewältigungsstrategien mit anderen in Kontakt zu treten. Du kannst überlegen, ob du inzwischen andere Ressourcen und mehr Überblick hast und deshalb auf andere Weise für dich sorgen kannst als in deiner Kindheit. Du kannst Befürchtungen und Verhaltensweisen erkennen, die aus frühen Familiendynamiken herrühren. Du kannst auch anerkennen, warum diese Verhaltensweisen vielleicht nicht mehr erforderlich, nützlich oder gesund für dich sind – und auch nicht mehr dem entsprechen, wie du dich verhalten *willst*.

Wenn du einen Glaubenssatz erkennst und seine Herkunft verstehst, musst du diesem nicht länger unbewusst Folge leisten. Mit der Erkenntnis kommt die Freiheit.

Hinter die Fassade blicken

Wir haben uns mit gesellschaftlichen Botschaften und familiärer Konditionierung befasst, mit vorherrschenden Narrativen und frühkindlichen Erfahrungen, die sich zu einem komplexen Muster bewusster und unbewusster Einstellungen zu Bedürfnissen zusammenfügen. Dieses dicht verwobene Gerüst aus abgeleiteten Wahrheiten, das wir für die Realität halten, bestimmt unsere Reaktionen auf uns selbst und unsere Erfahrungen. Solche äußeren Einflüsse, die zu inneren Wirkkräften werden, legen fest, was wir unserer Meinung nach fühlen und zeigen dürfen - oder auch *nicht*. Sie tragen dazu bei, dass wir eigene Überlebensstrategien entwickeln - und aus dem emotionalen Käfig *ausbrechen*, in dem wir *feststecken*.

Von hier aus wagen wir uns nun in die tieferen Ecken unseres Bewusstseins vor, dorthin, wo deine Grundüberzeugungen schlummern. Wir machen uns daran, das auszugraben, was du als die Wahrheit über deine Bedürfnisse ansiehst, ohne dies überhaupt zu ahnen. Denn diese Grundüberzeugungen sind es, die letztlich dein Leben kontrollieren.

KAPITEL 4

Grundüberzeugungen

Merkwürdigerweise tragen alle Menschen, jede und jeder Einzelne von uns, einen Rucksack voller Vorstellungen mit sich herum, wie die Welt funktioniert und was „wahr" ist. Je nachdem, was wir erlebt haben, ist der Inhalt all dieser Rucksäcke ganz unterschiedlich, aber dennoch gehen wir davon aus, dass er gleich sein müsste. Bis wir dieses Gepäck genauer inspizieren und begreifen, was wir glauben und für real halten, stecken wir in alten Narrativen fest und treten mit der Welt und uns selbst immer wieder auf dieselbe altbekannte Weise in Kontakt – ob uns das *weiterhilft* oder nicht. Wir leben unbewusst und ziellos vor uns hin, angetrieben von unausgesprochenen Glaubenssätzen, die uns wie Schatten anhaften, bis wir diese eines Tages näher beleuchten, verstehen, woher sie stammen, und ihre Gültigkeit hinterfragen. Zum Glück erreichen die meisten Menschen irgendwann einen Punkt, an dem es schlicht zu schmerzhaft ist, sich weiterhin an die alten Glaubenssätze zu klammern.

Vielleicht fühlst du inzwischen genug Schmerz, um etwas zu verändern – wenn ja, dann ist das gut so. (Auch wenn es sich nicht gut anfühlt!) Denn wenn du erschöpft und unzufrieden genug bist, wirst du dich irgendwann fragen, ob du weiter an deinen gegenwärtigen Wahrheiten festhalten willst und ob diese überhaupt jemals gestimmt haben. Damit stellt sich automatisch die Frage: Welche Grundüberzeugungen sorgen dafür, dass es dir so gefährlich, peinlich und widersinnig erscheint, für dich einzustehen?

Zum Kern deiner Überzeugungen vorstoßen

Unsere Grundüberzeugungen sind schwer zu erkennen. Es handelt sich um tief verwurzelte Vorstellungen darüber, wie die Welt funktioniert und was für uns möglich ist, und sie sind ein so integraler Bestandteil unserer Psyche, dass wir sie kaum bewusst wahrnehmen können. Es sind „Wahrheiten", die wir nicht in Frage stellen, weil sie von ihrem Wesen her für uns *genau das sind*: wahr. Grundüberzeugungen fühlen sich nicht wie Glaubenssätze an, obwohl sie das sind. Sie fühlen sich an wie ein Teil unseres Wesens, wie wir selbst, und schlummern unerkannt in der Art und Weise, wie wir die Welt wahrnehmen. Sie sind der Stoff, aus dem unsere Narrative gestrickt sind, die Bedeutungen, die wir den Dingen zuweisen, die Geschichten, die wir uns erzählen. Am Ende entscheiden sie, was wir aus unserem Leben machen. Und trotz ihrer Macht sehen wir sie normalerweise nicht, bis wir uns auf die Suche machen und unsere eigene Perspektive von außen beleuchten. Mit Achtsamkeit können wir unsere Grundüberzeugungen entlarven: Als bloße Vorstellungen, denen wir aufgrund unserer Konditionierung anhängen, als Geschichten, die wir aus selbst gewählten Erfahrungen gewebt haben. Das heißt nicht, dass sie wahr sind, und schon gar nicht, dass wir wirklich so sind.

In diesem Kapitel stelle ich einige unter Frauen verbreitete Glaubenssätze vor. Ein paar davon schleppst auch du vielleicht in unterschiedlichem Ausmaß mit dir herum. Deine Aufgabe besteht darin, diese Glaubenssätze in dir zu erkennen und sie von der Person zu trennen, die du bist. Und von der Wahrheit. Du bringst diese Überzeugungen ans Licht, damit du selbst entscheiden kannst, was du mit ihnen anstellen willst - anstatt diese Überzeugungen entscheiden zu lassen, was sie mit *dir* anstellen wollen. Das Ziel besteht darin, sich bewusstzumachen, auf der Basis welcher Überzeugungen du dein Leben führst. Wovon lässt du dich steuern? Öffne den Rucksack, finde heraus, welchen Ballast du mit dir herumschleppst - und dann lass ihn einfach liegen.

Überzeugung: Ich entscheide, was ich brauche

Sarah saß mit ihrem vier Jahre alten Sohn auf dem Rücksitz. Ihre Schwiegermutter lenkte den Wagen. Sie hatten einen unbeschwerten, aber dennoch anstrengenden Tag im Freizeitpark hinter sich. Acht Stunden voller wilder Karussellfahrten, Übelkeit, Hotdogs, Wutausbrüche, Zuckerwatte und Anstehen in praller Sonne. Nicht zu vergessen die endlosen Wege zu dem für zwei Leute zu engen Toilettenwagen. Sarah war von ihren mütterlichen Pflichten gründlich erschöpft.

Beim Blick aus dem Fenster merkte sie, dass sie bald an ihrem Lieblingsweingut vorbeikommen würden. Prompt malte sie sich die orange-grünen Liegestühle auf dem saftigen Rasen aus. Sie sah sich mit einem Glas Wein dort sitzen und entspannen, während die Bluegrass-Band spielte, weil gleich die Happy Hour beginnen würde. Jede Faser ihres Körpers verlangte danach, hier abzubiegen.

Plötzlich überkam sie ein unwiderstehliches Verlangen. Es fühlte sich an wie eine Schlange, die sich in ihrem Rückgrat entrollte. Sie hungerte nach einem Erlebnis, einem Moment, der ganz allein *ihr* galt – nicht der Mutter, Schwiegertochter, Ehefrau oder einer der unzähligen sonstigen Rollen, die sie für andere spielte. Sie brauchte einen Glücksmoment, dessen Wert nicht darauf beruhte, was er jemand anderem zu bieten hatte (*das macht mich glücklich, weil es meinen Sohn glücklich macht*) oder was er über sie aussagte (*das macht mich zu einer guten Mutter*), oder sonstigen Zwecken diente. Sarah verlangte es nach „etwas, was ich *wirklich* tun wollte", wie sie es später in Worte fasste.

In diesem Moment sagte ihre Schwiegermutter, dass sie gleich am Supermarkt Halt machen würden, um Zutaten für das Abendessen einzukaufen, weil sie am Vorabend die letzten Reste verbraucht hätten, und sie erinnerte Sarah daran, zu Hause gleich Essen für ihren Sohn zu machen, weil es schon so spät sei.

Während das Weingut hinter ihnen verschwand, stieg in Sarah eine starke Energie auf, als wolle die Schlange sich nun einen Weg durch ihre Kehle bahnen. Sie grollte ihrem Sohn, ihrer Schwiegermutter, ihrem Mann und überhaupt allen, die dieses System erschaffen hatten, das sie zwang, auf einem Rücksitz ausharren und sich gut benehmen zu müssen.

Binnen Sekunden fuhr die Schlange jedoch herum, biss zu und injizierte Sarah das Gift der Selbstkritik. Was Sarah sich daraufhin sagte, war: Warum entscheidest du dich, unglücklich zu sein und diesen Moment zu ruinieren? *Warum kannst du dich nicht auf das konzentrieren, was du bekommst, anstatt auf das, was du nicht bekommst? Warum kannst du nicht einfach mit dem glücklich sein, was du hast? Denk doch an all die Frauen, die nichts davon bekommen können!*

Aber das war noch nicht alles. Es kam noch mehr Gift: *Es sollte doch wohl reichen, diesen Tag mit deinem Kind verbracht zu haben, sein Glück zu genießen. Warum brauchst du immer noch etwas für dich selbst? Deine Bedürfnisse sind der lebende Beweis dafür, dass du undankbar und selbstsüchtig bist. Eine schlechte Mutter!*

Sarahs Grundüberzeugung lautete, dass sie ihre Bedürfnisse selbst erzeugte. Sie waren selbstgewählt und selbst fabriziert. Deshalb könnte und sollte sie diese Bedürfnisse ändern. Vielleicht hältst du dich wie Sarah dafür verantwortlich, negative Gefühle zu erzeugen, und glaubst, du würdest dich dafür entscheiden, etwas zu wollen, was du gar nicht wollen solltest. Oder dass es deine Entscheidung ist, unglücklich zu sein und zu leiden. In diesem Fall wären deine Bedürfnisse ein Hinweis auf deine Unzulänglichkeit, darauf, dass man es dir unmöglich rechtmachen kann. Wenn du nicht so gierig, nicht so negativ und nicht so nachtragend wärst (also ein besserer Mensch), dann würdest du dich entscheiden, anders zu empfinden. Du würdest das wollen, was du hast. Wenn du anders wärst, könntest du das Leben so erleben, wie du es erleben *solltest.* Mit der Grundüberzeugung, dass du selbst dafür verantwortlich bist, was du empfindest, ist nur eine Person schuld an deinem Kummer: Du selbst.

Überzeugung: Meine Bedürfnisse sind die Ursache meines Schmerzes

Tess hatte beruflich einen schlimmen Tag gehabt. Ihr Chef hatte eine Aussage von ihr falsch verstanden, und die daraus resultierende Situation drohte ihre bevorstehende Beförderung zu gefährden. Sie war aufgewühlt und wollte darüber reden, deshalb schenkte sie sich daheim ein großes Glas Wein

ein und zog sich zu ihrem Mann auf die Couch zurück. Als sie sich Luft machte, zeigte er schon nach zwei Minuten die gewohnten Signale von Langeweile und Ärger: „Er hatte meinem Gefühlsausbruch lange genug zugehört." Wie üblich erinnerte er Tess daran, dass sie doch wüsste, wie unvernünftig ihr Chef sei. Und dann kam, was sie tun *sollte*: Sie sollte nicht überrascht sein, wie fies ihr Chef sein konnte, sollte sich nicht darüber ärgern, sollte es nicht an sich heranlassen, sollte überhaupt nichts erwarten. Stattdessen sollte sie froh sein, überhaupt einen Job zu haben. Alles in allem sollte sie in Bezug auf ihren Chef (und auf ihren Mann) nicht fühlen, was sie fühlte, oder brauchen, was sie brauchte.

Als das Gespräch bald darauf endete, konnte Tess der Liste ihrer schmerzhaften Gefühle noch Frust und Verletztheit hinzufügen. Sie wäre so gerne angehört worden, nicht verurteilt. Sie hätte so gerne nicht nur die Eckpunkte ihrer Geschichte erzählt, sondern ihm mitgeteilt, wie es sich angefühlt hatte und was sie jetzt brauchte. Dazu war in dem kurzen Zeitfenster, ehe die Toleranz ihres Mannes für ihre emotionalen Bedürfnisse aufgebraucht war, jedoch kein Raum gewesen. Was Tess eigentlich brauchte, war ein Ort, an dem *alles* an ihr willkommen war und wo sie sich „nicht darauf konzentrieren musste, nicht zu viel zu wiederholen, nicht zu emotional oder zu langweilig zu sein, zu bedürftig oder zu fordernd, und bloß keine Umstände zu machen", wie sie es ausdrückte. In diesem Zustand der Einsamkeit tat Tess dasselbe wie immer: Sie überspielte ihre Bedürfnisse, packte sie in die Kiste und stapfte tapfer weiter. Sie nahm wieder die Rolle der Tess ein, die in ihrer Ehe für den Frieden zuständig war und der es *einfach gut* ging, ganz gleich, was kam.

An diesem Abend merkte Tess irgendwann, wie ihr das Herz schwer wurde, als würde sie trauern. Sie war emotional erschöpft und zunehmend davon überzeugt, niemals von irgendjemandem das zu bekommen, was sie wirklich brauchte. In Gedanken ging sie das Gespräch mit ihrem Mann noch einmal durch und empfand tiefes Mitgefühl mit sich. Doch unmittelbar, nachdem sie ihre Erschöpfung erkannt und ihre Trauer gespürt hatte, richtete Tess sich gegen sich selbst. Innerlich hörte sie sich Folgendes sagen: *Warum ist der vollkommen verständliche Wunsch meines Mannes, nach seinem langen Tag einfach in Ruhe zu Abend zu essen, für mich so ein Problem? Warum verlange ich, dass alle Welt in der Lage sein müsste, mein Erlebnis so genau zu verstehen? Warum kann ich es nicht einfach gut sein lassen?* Und der Tiefschlag: *Warum tue ich mir das immer wieder an und ihm auch?* Wie so viele Frauen glaubte Tess, dass ihr Erleben etwas wäre, was sie sich selbst antäte. Sie glaubte, diese Bedürfnisse selbst zu erzeugen und damit auch ihren Schmerz.

Diese beiden eng miteinander verwandten Kernüberzeugungen – *Ich wähle meine Gefühle und sollte deshalb in der Lage sein, sie zu ändern* und *Meine Gefühle (und Bedürfnisse) sind der Grund dafür, dass ich leide* – sind unter Frauen sehr verbreitet und spielen vereint eine wichtige Rolle für das Verhältnis zu den eigenen Erfahrungen. Wenn man davon überzeugt ist, an den eigenen Gefühlen schuld zu sein, kommt es einem bedrohlich und kontraintuitiv vor, die jeweilige Erfahrung liebevoll anzuerkennen. Warum auch solltest du Gefühle, unter denen du leidest, einfühlsam zur Kenntnis nehmen? Damit würdest du doch nur einen destruktiven Teil von dir ermutigen und stärken. In deinen Augen hättest du die Situation auch anders erleben können – du hättest dich entscheiden können, glücklich zu sein. Solchen Gedankengängen zufolge wäre es verkehrt, die individuelle Erfahrung zur Kenntnis zu nehmen und sich darum zu kümmern – als würde man einem unerwünschten, gefährlichen Eindringling einen Tee anbieten.

Also wehrst du diese Gefühle ab und befasst dich lieber mit einer typisch weiblichen Frage: *Was stimmt mit mir nicht, dass ich so empfinde und solche Bedürfnisse habe?* Und damit bleiben deine Bedürfnisse weiterhin unerfüllt, woran natürlich ganz allein du schuld bist.

Überzeugung: Ich sollte nicht brauchen, was ich brauche

Als ich Kelsey kennen lernte, verbrachte sie ihre Wochenenden auf Abruf. Sie wartete ab, ob ihr Freund Zeit hätte, damit sie etwas zusammen unternehmen konnten. Hatte er keine Zeit, machte sie „einfach irgendwas". Damit fühlte sie sich auf die Dauer jedoch nicht mehr wohl. Sie langweilte sich und schämte sich dafür, wie wenig sie ihre eigenen Interessen kannte. „Manchmal hatte ich den Eindruck, gar kein Selbst zu haben", sagte sie. „Als *wäre* ich ohne Bezug zu der Person, die ich traf, ein Niemand. Nichts Eigenes, meine ich."

Meine Neugier auf Kelsey gestattete ihr, sich auch selbst mehr Neugier entgegenzubringen. Sie wollte herausfinden, was ihr Freude machte und was sie inspirierte. Dabei entdeckte sie überrascht, dass Yoga ihr gefiel und dass sie sich sehr zu Meditation hingezogen fühlte. Zum ersten Mal überhaupt fühlte sich Kelsey rundum lebendig, war begeistert und zuversichtlich. Endlich erlebte sie sich als *eigenständige* Persönlichkeit. Sie stellte fest, dass sie schon mit einigen Minuten Meditation und Yoga am Morgen und einer anschließenden Tasse Tee ihrer selbst zusammengestellten Mischung die Grundlage für einen glücklichen, geerdeten Tag voller Präsenz legen konnte, an dem sie wirklich sie *selbst* war.

Die Beziehung zu ihrem Freund blieb dabei allerdings auf der Strecke. Er hatte die immer verfügbare Kelsey ohne eigene Interessen oder Bedürfnisse vorgezogen. Die klar definierte, stabilere Frau, die unabhängig von ihm existierte, war für ihn nicht mehr begehrenswert.

Einige Monate später tauchte ein neuer Freund auf. Kelsey verbrachte die Wochenenden immer häufiger bei ihm. Zu Beginn der Beziehung machte sie weiterhin regelmäßig Yoga, meditierte und trank ihren Tee. Ihr war bewusst, dass sie regelmäßig die Rückmeldung ihres Körpers und ihres Innenlebens brauchte und ihre eigenen Bedürfnisse beachten musste, um sich wohlzufühlen. Das war unabdingbar – zumindest anfangs.

Nach den ersten Wochen zogen in unseren Gesprächen die Wolken alter Grundüberzeugungen auf. Kelsey erzählte nicht mehr davon, was sie für sich tat, obwohl das noch vor wenigen Wochen „nicht verhandelbar" gewesen war. Offenbar konnte sie ihre Übungen bei ihrem Freund schlichtweg nicht so ausführen, wie sie es brauchte. Zum Beispiel gab es dort kein Fach für ihren Tee und keinen Platz, um ihre Yogamatte auszurollen. Das alles wäre lösbar gewesen, aber Kelsey hatte auch Sorge, ihr Freund könnte sie als „esoterische Spinnerin" einstufen, wenn er wüsste, was sie alles brauchte, „nur um zu funktionieren". Auf einmal sah sie ihre Übungen zur Selbstfürsorge, die für sie so bedeutsam und hilfreich gewesen waren, in einem neuen Rahmen: aus der (vorgestellten) Perspektive ihres Freundes. Damit verloren sie für Kelsey an Wert und gingen über Bord. Ihre Bedürfnisse waren nur legitim, wenn er sie als legitim einstufte, und das tat er nicht.

Bald hörte Kelsey auch unter der Woche auf, das zu tun, was sie für sich brauchte, und reagierte prompt zunehmend reizbar, defensiv und ängstlich. Auch das Gefühl, sich zu mögen und darauf zu vertrauen, dass sie wusste, was sie brauchte, ging verloren.

„Ich müsste aber doch in der Lage sein, auch ohne alle meine Rituale ich *selbst* zu bleiben und mich wohlzufühlen“, sagte sie zynisch. „Wer braucht schon einen besonderen Tee, damit es ihm gut geht? Mein Freund braucht nicht so viel Brimborium, nur um zu funktionieren. Er steht auf, duscht und geht zur Arbeit wie jeder normale Mensch.“ Aus ihrer Sicht bestand das Problem nicht darin, dass sie ihre Übungen aufgegeben hatte, sondern darin, dass sie diese überhaupt brauchte.

Dieser Glaubenssatz redet uns ein, dass wir nicht brauchen sollten, was wir brauchen. Daraufhin weigern wir uns, uns diese Bedürfnisse einzugestehen, weil es die falschen sind, und weil wir falsch sind, wenn wir sie benötigen. Wie Kelsey bist vielleicht auch du der Ansicht, dass du dich nur um dich kümmern darfst, wenn du brauchst, was du brauchen *solltest*, und wenn du auf die richtige Weise empfindest, nämlich so, wie du empfinden *solltest*. Aber bei den meisten Frauen bleiben diese „richtigen“ Gefühle auf Dauer aus, und deshalb bekommst du als der Mensch, der du jetzt bist, mit den Gefühlen, die du tatsächlich hast, dauerhaft nicht das, was du brauchst.

Überzeugung: Ich kümmere mich um mich, sobald ich zu der Person geworden bin, die diese Fürsorge auch verdient hat

Lisa stammt aus Südkalifornien, hatte aber knapp zehn Jahre in Minnesota verbracht, wo es ihren Worten zufolge „brutal kalt“ ist, „weil der Winter im Grunde genommen keine Jahreszeit ist, sondern das ganze Jahr andauert.“ Lisa war eine begeisterte Läuferin. Sie liebte das Laufen und sagte, sie bräuchte es, um sich wie ein richtiger Mensch zu fühlen, um die Geduld zu haben, sich mit anderen Leuten abzugeben, und um mit sich im Reinen zu sein. In einer Umgebung, wo der Boden während eines Großteils des Jahres von Schnee und Eis überzogen ist und jeder Morgen dunkel und kalt beginnt, konnte sie ihr übliches Laufpensum jedoch nicht absolvieren. Ohne das morgendliche Laufen wiederum war sie lethargisch und frustriert, ja, deprimiert, und zwar schon seit Jahren.

Da ich wusste, dass Lisa die nötigen finanziellen Mittel hatte, fragte ich, warum sie nicht ins Fitnessstudio ginge, wo sie in der kältesten Zeit wenigstens drinnen laufen könnte. Sie sagte mir rundheraus, dass dies nicht in Frage käme. Sie müsste schließlich in der Lage sein, draußen zu laufen, ein Mensch, der tun könne, was nötig ist, auch wenn es ihm schwerfällt. In ihren Augen sollte sie kein Fitnessstudio brauchen, um laufen zu können. Sie war nicht bereit, die Bedürfnisse der Person anzuerkennen, der die Kälte Grenzen setzte und die morgens nicht vor die Tür wollte. Diese Person konnte von ihr aus ewig lethargisch und frustriert und trübsinnig bleiben. Doch auch Jahre später wartete Lisa noch darauf, die Frau zu werden, die diszipliniert genug war, um bei Wind und Wetter draußen

Sport zu treiben – die Person, die sie sein sollte, die ihre Zuwendung verdient hatte und deren Wohlbefinden sie dann auch ernst nehmen würde.

Sie hatte sich nach Kräften bemüht, eine Frau zu werden, die sich morgens in die eisige Dunkelheit hinausschleppte, aber leider war sie keine solche Frau und würde das vermutlich auch niemals sein. Erwartest du von dir, anders zu sein, besser, wertvoller, die Person, die du eigentlich sein müsstest? Ist das die Voraussetzung dafür, dass du dir selbst gestattest, gut für dich zu sorgen? Wie lange wartest du schon darauf? Wie lange willst du noch warten, diese andere Person zu werden, ehe du bereit bist, dich um dich selbst zu kümmern? Wann hat die Frau, die du wirklich bist, deine Zuwendung verdient? Wann spielt dein tatsächliches Erleben eine Rolle? Denn du könntest schon heute – jetzt gleich – anfangen, dich als wichtig anzusehen, so unvollendet und ganz und gar nicht perfekt, wie du eben bist. Womöglich hast du es ja schon jetzt verdient, dass du dich um dich kümmerst … in der Tat, das hast du!

Überzeugung: Dass ich etwas brauche, bedeutet, dass ich nicht zu schätzen weiß, was ich habe

Meine Freundin Abby hatte kürzlich Geburtstag. Für diesen besonderen Tag hatten ihr Mann und ihre Kinder einen Tisch reserviert. Gemäß der Familientradition war das ausgewählte Restaurant eine Überraschung, die Abby erst am Zielort sehen würde. Als sie an diesem Abend ihre Augenbinde löste (die zur Tradition gehört), standen sie vor einem der exklusivsten Sushi-Restaurants der Stadt, das wegen der exorbitanten Preise vor allem von Geschäftsleuten mit besonderen Gästen besucht wurde. Die Empfangsdame teilte ihnen dort mit, dass die Familie im Außenbereich an der Straße platziert würde, wo Abgase und Straßenlärm zu dem einzigartigen Erlebnis beitrugen.

Abby fand das Restaurant, die Kosten, den Lärm und alles zusammen furchtbar. Sie bevorzugte bodenständige, ruhige Orte ohne viel Tamtam. Einfache Gerichte mit anständigen Mengen waren ihr lieber als die winzigen, raffiniert dekorierten Portiönchen, für die dieser Koch berühmt war. Außerdem war ihr schmerzlich bewusst, dass das Einkommen ihres Mannes für derartige Preise nicht reichte, jedenfalls nicht, ohne auf etwas anderes zu verzichten, was er brauchte. Das wiederum würde ihn belasten und langfristig auf andere Weise auf sie zurückfallen. Die ganze Feier über musste sie sich verstellen, sie fühlte sich verpflichtet zu schauspielern. Während ihre Familie sie erwartungsvoll musterte und nach Anzeichen der Begeisterung für ihre gute Wahl Ausschau hielt, kämpfte Abby stumm mit den Tränen. Sie wusste, dass die anderen sie innig liebten, und dennoch fühlte sie sich unglaublich allein.

Aus ihrer Sicht war die Situation nicht zu retten. Sie war ihrer Familie dankbar, dass sie sich für diesen Abend so viel Mühe gegeben hatten. Sie fühlte Liebe und Dankbarkeit für ihren Mann und ihre Töchter, die sie unbedingt glücklich sehen wollten. Nur wollte sie das alles nicht. Nicht im Mindesten. Was sie sich wünschte, war ein Abend, an dem sie nicht so tun musste „als ob", an dem aber auch alle Beteiligten mit sich zufrieden waren und nicht ihretwegen enttäuscht. Sie fragte sich sogar, für wen ihr Geburtstag eigentlich da war – für sie oder für die anderen? So lange sie sich erinnern konnte, war es an ihrem Geburtstag (und eigentlich auch an jedem anderen Tag) darum gegangen, dafür zu sorgen, dass alle mit sich zufrieden waren und stolz auf ihre Mühen. Dieses ganze Ritual der Selbstverleugnung war anstrengend.

Abby hielt den Mund, aß brav für 300 Dollar rohen Fisch und äußerte sich angemessen begeistert über all die Raffinesse, all das vor lauter Furcht, dass ihre Familie zutiefst enttäuscht wäre, wenn sie ihnen mit der Wahrheit den Abend verderben und sie als „alte Spielverderberin" sehen würde, die immer etwas zu mäkeln hätte. Nach diesem Abend war Abby unglücklich und fühlte sich in der Falle, denn sie war weder bereit, noch dazu in der Lage, zu den Menschen ehrlich zu sein, die sie am meisten liebte und denen sie ihr wahres Ich nur zu gern zeigen wollte. Obwohl es *ihr* Tag sein sollte, fühlte sie sich verpflichtet, ihrer Familie das Erlebnis zuzugestehen, das die anderen sich wünschten, anstatt sich selbst zu gönnen, was sie brauchte.

Viele Frauen gehen – wie Abby – von der Überzeugung aus, dass die Tatsache, dass wir etwas anderes brauchen als das, was man uns anbietet, gleichzeitig bedeutet, dass wir nicht auch dies dankbar zu schätzen wissen. Kennst du das? Die Überzeugung, dass man sich über all das freuen kann, was man hat, und sich dennoch etwas anderes wünscht? Angesichts von zwei Wahrheiten, die sich zu widersprechen scheinen, setzen wir gerne „aber" ein. *Ich bin euch sehr dankbar für eure Bemühungen, aber ich brauche etwas anders. Ich liebe dich, aber das hier mag ich nicht.* So wird das Wort „aber" zu einem Radiergummi. Es radiert gründlich aus, was davor kam, in diesem Fall die ausdrückliche Anerkennung der Freundlichkeit, die Wertschätzung und den Dank. Zwei gegensätzliche Wahrheiten können jedoch koexistieren, wenn wir sie durch „und" verbinden. *Ich bin euch sehr dankbar für eure Bemühungen, und ich brauche etwas anders.*

Überzeugung: Wenn ich mir meine Bedürfnisse eingestehe, breche ich zusammen

Gina war eine echte Macherin, kompetent, widerstandsfähig und erfinderisch. Sie hatte drei kleine Kinder, eine gute Ehe, enge Freunde und einen Beruf, der sie erfüllte. Sie kümmerte sich liebevoll um alle anderen, und insgesamt *funktionierte* ihr Leben sehr gut. Doch wie viele Frauen war sie oft müde und ausgelaugt. Unter Tränen gestand sie mir ihren Wunsch, dass jemand sich auch um sie kümmerte. „Ich gebe das ungern zu, aber manchmal wünsche ich mir, ebenso umsorgt zu werden, wie ich es für andere tue. Alle anderen müssen nicht lange darum bitten oder erklären, was sie brauchen; sie bekommen es einfach, weil ich sie immer im Blick habe. Ich möchte auch ungefragt umsorgt werden."

Als ich Gina fragte, was denn einer derartigen Beachtung im Weg stünde, erhielt ich eine überraschende Antwort. Sie sagte, sie könne es unmöglich riskieren, sich umsorgen zu lassen, denn dann würde sie völlig zusammenbrechen. Die Erlaubnis, zu spüren, wie sehr sie sich wünschte, dass jemand für sie da wäre, würde einen Kollaps provozieren. Ihre Bedürfnisse wären wie ein bodenloses Loch, und vor allem wäre sie dann nicht mehr in der Lage, ihre zahlreichen Verpflichtungen anderen gegenüber zu erfüllen. Es war sonnenklar: Um alles zu schaffen, was sie zu tun hatte, sich um alle kümmern zu können, um die sie sich kümmern musste, musste sie zwingend ihre eigenen Bedürfnisse ausblenden. Ganz besonders das Bedürfnis, dass jemand sich um sie kümmerte.

Vielleicht denkst du, wie Gina, dass du nutzlos wärst, wenn du dich umsorgen lassen würdest. Entweder kümmert sich jemand um dich, oder du kümmerst dich um andere, beides geht nicht. Dabei ist das ein Trugschluss. Indem du dir die Chance versagst, verwöhnt zu werden, und diesen Wunsch für sich behältst, weist du genau die Erfahrungen zurück, die dich wieder auftanken lassen würden. Im irrigen Bemühen, anderen gerecht zu werden, blendest du deine Eigenverantwortung aus und fühlst dich immer erschöpfter und einsamer. In Wahrheit (und im Gegensatz zu unseren Konditionierungen) wird es leichter und befriedigender, sich um andere zu kümmern, wenn du dir und anderen eingestehst, dass du auch nur ein Mensch bist – mit realen Bedürfnissen und sogar (ja, ich spreche es aus!) mit Grenzen.

Je besser die anderen sich um *dich* kümmern, desto ehrlicher, weniger erschöpft und weniger frustriert kannst du auf die anderen eingehen. Geben und Nehmen können sich wunderbar ergänzen. Du musst es nur zulassen.

Überzeugung: So etwas Gutes habe ich nicht verdient

„Meine eigenen Bedürfnisse beachten? Das würde ja bedeuten, dass ich etwas verdient hätte …" Hallie zögerte. „Das würde bedeuten, dass ich es wert bin, gut versorgt zu sein, und ein Recht auf eigene Wünsche habe. Habe ich das wirklich verdient? Also, ich weiß nicht." Hallies Grundüberzeugung *Ich verdiene nichts Gutes* ist weit verbreitet, besonders schädlich, und wir klammern uns besonders intensiv daran.

Vielleicht bist du selbst nicht unbedingt (oder gar nicht) der Meinung, dass du wichtig bist und liebevolle Zuwendung verdient hast. Vielleicht glaubst du sogar genau das Gegenteil. Vielleicht fragst du dich, wie so viele Frauen, eher: *Womit habe ich das verdient? Bin ich das wert?* Die Vorstellung, dass du dich um dich kümmern könntest, weil du wichtig bist, und nicht nur wegen der Dinge, die du geben kannst, ist dann eine echte Herausforderung.

Schlauerweise haben wir das Hintertürchen der eigenen Unwürdigkeit ersonnen, um wenigstens ansatzweise zu bekommen, was wir brauchen. Das Narrativ „Ich muss mich um mich selbst kümmern, sonst kann ich mich nicht um andere kümmern", ist ein genialer Schachzug! Damit sind wir dafür verantwortlich, auf uns zu achten, damit wir anderen zu Diensten sein können, und haben einen rationalen, akzeptablen Grund dafür – selbst wenn wir uns weiterhin schuldig fühlen.

Dieser Gedankengang erlaubt dir, dich mit der Ausrede, es ginge ja gar nicht um dich (weil sich nie etwas nur um *dich* drehen sollte), um deine eigenen Bedürfnisse zu kümmern. Du solltest nur auf dich achten, damit du dich besser um andere kümmern kannst.

Wer ausgebrannt ist, kann andere nicht umsorgen, das stimmt. Es ist jedoch nicht dasselbe, wie auf sich zu achten, weil man es wert ist. Weil du es *verdient* hast, zu bekommen, was du brauchst. Ohne Wenn und Aber.

Überzeugung: Wenn ich so viel Aufwand treiben muss, scheine ich etwas falsch zu machen

Eine weitere Grundüberzeugung, mit der Frauen zu kämpfen haben, lautet, dass es eigentlich nicht nötig sein sollte, aktiv etwas für sich zu *tun*.

- „Jeder Mensch sollte jemanden haben, der sich um ihn kümmert.“
- „Wir sollten nicht selbst dafür verantwortlich sein, das ist nicht normal.“
- „Es fühlt sich wie eine Strafe an.“
- „Ich habe es satt, mich immer selbst um das kümmern zu müssen, was ich brauche. Das ist ungerecht.“

Aussagen wie diese höre ich jeden Tag. Wir gehen davon aus, dass wir nicht so geliebt werden, wie wir es verdienen, wenn wir uns trotzdem noch um uns selbst kümmern müssen. Wir sehnen uns nach einer Form der Liebe, von der wir glauben, sie würde allen anderen zuteil, und die uns doch auch *zustehen* müsste. Doch die Prinzessin wird nur im Märchen gerettet.

Tief in deinem Inneren glaubst du vielleicht, dass eigentlich jemand *anderes* dich verwöhnen sollte. Wenn du selbst dafür zuständig bist, machst du wohl etwas falsch. Und da du dir unmöglich alles geben kannst, was du brauchst, ist Selbstfürsorge nur der klägliche Ersatz für die Liebe eines anderen, ein Trostpreis in einem Leben, das offensichtlich schiefläuft. Wer das glaubt, lehnt die eigenen Bedürfnisse und jede Eigenverantwortung ab. Es ist, als würdest du mit dem Fuß aufstampfen und verlangen, dass dir gefälligst irgendjemand diese Aufgabe abnehmen sollte. Selbstverantwortung erscheint dir wie eine Niederlage, als hättest du im Spiel um die Liebe verloren. Das Ergebnis ist dann, dass du selbst nicht auf dich achtest und du das, was du brauchst, erst recht nicht bekommst.

Überzeugung: Es ist ungerecht, mich um mich selbst zu kümmern, wenn das für so viele andere nicht möglich ist

Eines der erstaunlichsten Hindernisse, das unseren Bedürfnissen im Weg steht, hat mit „Gerechtigkeit“ zu tun. Frauen fragen mich häufig, warum es für sie okay sein sollte, ihre Bedürfnisse zu befriedigen, wenn so vielen anderen dieser Luxus nicht vergönnt ist.

Wendy hatte zwanzig Jahre gearbeitet, als sie sich zu einer sechsmonatigen Auszeit entschloss. Sie hatte sich ihr Sabbatical verdient und brauchte es dringend. Leider litt sie das komplette halbe Jahr unter Schuldgefühlen für die Entscheidung, sich einmal nur um sich selbst zu kümmern. Sie machte sich Vorwürfe, dieses Privileg in Anspruch genommen zu haben. Wendy ging davon aus, dass es ungerecht wäre, sich selbst etwas zuzugestehen, was *andere* sich nicht ebenfalls gönnen konnten.

Viele Frauen sind darauf konditioniert, dass sie nicht mehr bekommen sollten als andere, schon gar nicht etwas, das für andere *unerreichbar* sei. Das Leben müsste gerecht sein, besonders wenn wir selbst mehr bekommen als das, was unserer Ansicht nach gerecht wäre. Diese Grundüberzeugung lässt uns eine unleugbare Wahrheit bestreiten, nämlich dass das Leben nicht gerecht ist und dies auch niemals war. Für niemanden.

Manche Menschen kommen mit einer hohen Intelligenz zur Welt, sind körperlich schön, sportlich erfolgreich und voller Fantasie. Manche werden in reiche Familien hineingeboren, die ihnen jede Form der Unterstützung und große Chancen bieten können. Andere sind weniger begabt, sind sozial oder emotional schlecht versorgt oder haben es noch schwerer.

Zudem können wir auch unterschiedlich gut mit Chancen und Schwierigkeiten umgehen, Hindernisse überwinden und unsere Talente zu Gold machen. Die eine kann aus Zitronen Limonade machen, die andere ertrinkt in der Säure. Unsere Resilienz, die Bereitschaft zu harter Arbeit, die Fähigkeit, kluge oder mutige Entscheidungen zu treffen, und ob wir Positives anziehen, all das ist ungleich und ungerecht verteilt. Als Frauen haben wir schon aufgrund unseres Geschlechts andere Startbedingungen. Tatsache ist, dass wir unsere Chancen bestmöglich nutzen mit dem, was uns gegeben wurde und was wir daraus machen.

Trotz dieser unbestreitbaren Wahrheit glaubst du eventuell weiterhin, dass dir nichts Gutes zusteht, wenn andere das nicht auch haben können. Vielleicht fühlst du dich sogar schuldig und selbstsüchtig, wenn du dir etwas außer der Reihe gönnst, ganz gleich, wie hart du dir diese Möglichkeit erarbeitet hast. Eine Chance zur Selbstfürsorge zu nutzen, die uns in diesem System geboten wird, anderen jedoch nicht, kann sich ungerecht anfühlen – als ob es uns nicht zustünde. Damit gibst du dir selbst die Schuld an den Ungerechtigkeiten des Lebens, die Verantwortung für eine Realität, die einfach so ist. Und aus dem falsch verstandenen Impuls, nicht schuldig zu werden, verwehrst du dir Chance, gut zu dir selbst zu sein. Nur damit du es nicht besser hast als andere.

Überzeugung: Wenn ich mir nehme, was mir zusteht, bleibt weniger für andere

Die eben genannte Überzeugung ist eng verwandt mit dem Glauben, dass jedes Mal, wenn wir bekommen, was wir uns wünschen, also unseren Anteil an den guten Dingen des Lebens, jemand anderes unweigerlich dabei verliert. Dieser Logik zufolge ist es nicht nur ungerecht, etwas zu bekommen, sondern geradezu gierig und aggressiv. Positive Erlebnisse sind dann endliche Ressourcen – wie der größere Keks, den wir mit fünf unserem Bruder geschenkt haben (wofür wir ordentlich gelobt wurden). Gutes anzunehmen und das zu tun, was wir wollen, weckt Schuldgefühle, denn unser Gewinn ist für andere immer ein Verlust. Wir nehmen uns mehr, als uns zusteht. Umgekehrt helfen wir dieser Logik zufolge indirekt all jenen, die weniger Glück hatten, indem wir unsere eigenen Bedürfnisse und Wünsche ignorieren.

Allerdings gibt es im Universum kein Nullsummenspiel. Das haben wir so erfunden. Die Vorstellung, dass die Realität irgendwie gerechter wird, weil wir uns nicht zugestehen, was wir brauchen, ist nur eine weitere Methode, sich als Frau schuldig zu fühlen und für etwas Verantwortung zu übernehmen, wofür wir gar nicht verantwortlich sind und was wir auch nicht ändern können. So zu tun, als spielten deine Bedürfnisse keine Rolle, hat keinen Einfluss auf die grundsätzliche Ungerechtigkeit der Realität. Dadurch bekommen andere keineswegs, was sie brauchen. Das Ungleichgewicht bleibt bestehen, ob du nun liebevoll auf dich achtest oder nicht. Niemand hat etwas davon, wenn du dir deine Bedürfnisse und Wünsche versagst. Nur eine Person verliert dabei auf jeden Fall: Du selbst.

Überzeugung: Wenn meine Bedürfnisse sowieso nicht gestillt werden, will ich sie gar nicht kennen

Während der Arbeit an diesem Buch habe ich zahlreiche Frauen zu ihren Bedürfnissen interviewt. Dabei kam immer wieder dieselbe Frage zurück: *Was hat es für einen Sinn, meine Bedürfnisse wahrzunehmen, wenn ich weiß, dass sie sowieso nicht gestillt werden?* Eine Freundin sagte rundheraus: „Ich soll mir also besser darüber im Klaren werden, was ich sowieso niemals bekommen kann? Nein, danke!"

Dieser Gedanke wurde so oft und so vehement vorgetragen, dass er mich auf eine andere verbreitete Kernüberzeugung von Frauen aufmerksam machte. Der Gedanke lautet: Es lohnt sich nur, unsere Bedürfnisse wahrzunehmen, wenn wir auch wissen, dass sie erfüllbar sind. Wenn sie vermutlich unerfüllbar sind oder nicht so, wie wir es uns wünschen, dann sollten wir sie lieber komplett *ausblenden.* Das bewusste Wahrnehmen führt nur dazu, dass es uns schlechter geht, dass wir uns noch verlorener, noch erschöpfter fühlen.

Dabei ist Erkenntnis das Gegenmittel bei Entbehrung. Sie ist der Schlüssel zur Freiheit! Erst wenn du die Grundüberzeugungen durchschaust, die deine Entscheidungen beeinflussen, die Annahmen, die du für wahr hältst, und wenn du weißt, auf welche Weise du diese angeblichen Wahrheiten hegst und pflegst und festigst, erst dann kannst du hinterfragen, ob diese Glaubenssätze auch wirklich stimmen. Und ob du immer noch daran glaubst. Und ob du weiterhin daran glauben *willst.* Und ob diese Glaubenssätze tatsächlich weiter dein Handeln bestimmen sollten. Gleichzeitig kannst du vielleicht zum ersten Mal überhaupt anfangen, die Bedürfnisse zu beachten und zu stillen, die du deinen Grundüberzeugungen zufolge bisher als unverdient, unerwünscht und unklug eingestuft hast. Sensibilisierung ist befreiend. Du kannst dich auf eine neue, bewusstere Weise um dein eigenes Wohl kümmern.

Damit sich in deinem Leben etwas ändern kann, ist eines unabdingbar: bewusste Wahrnehmung. Einen neuen Weg kannst du erst einschlagen, wenn du deinen bisherigen Weg siehst und verstehst, wie du an diesem Punkt gelandet bist.

* * *

Wir haben uns mit den Urteilen und Stempeln befasst, die Frauen drohen, die ihre Bedürfnisse anmelden. Wir haben verschiedene Familiendynamiken betrachtet, die unsere Befürchtungen und Erwartungen bezüglich eigener Bedürfnisse prägen. Und wir haben tief verwurzelte Grundüberzeugungen beleuchtet, die bestimmen, wie wir mit der Welt um uns interagieren. Insgesamt ging es bisher um die mächtige Konditionierung, aufgrund derer wir eine so konfliktreiche, misstrauische und ablehnende Haltung zu unseren Bedürfnissen und damit auch zu uns selbst entwickelt haben.

Für dieses Problem hält die Gesellschaft eine Lösung bereit, eine Medizin für unser Leiden. Wir sprechen von *Selbstfürsorge* oder *Self-Care,* und darum geht es in Kapitel 5.

KAPITEL 5

Self-Care als Lösungsansatz

Als Jenny zu mir kam, wusste sie nur eines sicher: Sie war ausgelaugt und musste dringend wieder auftanken. Allerdings hatte sie keine Ahnung, wie sie bekommen sollte, was sie wirklich brauchte, um sich besser zu fühlen, geschweige denn, *was genau* sie dafür bräuchte. Doch schon bald nach dieser Aussage schlug sie neue Töne an. Entschlossener und erstaunlicherweise weniger freundlich verkündete sie, dass sie vorhätte, sich besser um sich selbst zu kümmern und „netter“ zu sich zu sein. Ihrer Formulierung nach musste sie in allem, was ihre Bedürfnisse anging, besser werden.

In dieser ersten Sitzung erzählte sie mir auch, dass bei ihr schon als Jugendliche eine seltene, genetisch verursachte Krankheit diagnostiziert worden war, die zu furchtbaren Bauchschmerzen und diversen anderen Symptomen führte. Trotz aller ärztlichen Erklärungen nahmen ihre Eltern die Krankheit nicht ernst und behaupteten, sie würde sich ihre Schmerzen nur *einbilden*. Von ihrer Mutter hatte sie oft gehört, dass sie nicht so viel Theater deswegen machen sollte. Sie würde sich nur aufspielen wollen und die Aufmerksamkeit genießen. Das Ergebnis war, dass Jenny sich ein Leben lang anstrengte, möglichst nichts zu brauchen, insbesondere keine Aufmerksamkeit.

Dementsprechend hatte sie einen Mann geheiratet, der ihre Schmerzen entweder herunterspielte (wie ihre Eltern es getan hatten) oder ihr die Schuld dafür gab. Im Zweifelsfall riet er ihr, „einfach an etwas anderes zu denken", und erinnerte sie unablässig an alles, was sie falsch machte und weswegen sie litt. Damit erhielt sie also erneut die Botschaft, dass sie an ihrem Leid selbst schuld sei.

Mit 39 Jahren war Jenny noch immer auf der Suche nach echtem Trost und liebevoller Zuwendung. Wo auch immer sie sich emotionalen Rückhalt erhofft hatte, war dieser Wunsch zurückgewiesen und entweder als unberechtigt oder als eigener Fehler verurteilt worden. Als ich Jenny kennenlernte, kam sie sich defekt vor, als hätte sie es nicht verdient, umsorgt zu werden. Ihr persönliches Leid war nicht liebenswert, und es machte in ihren Augen sie als Person nicht liebenswert. Ihr unzureichend gestilltes Bedürfnis nach Trost und Mitgefühl war so lange schlechtgemacht worden, dass sie sich inzwischen selbst die schlimmsten Vorwürfe deswegen machte.

Da sie keine Ahnung hatte, was ihr guttun könnte, wendete sie sich Wellnessangeboten zu. Vielleicht wäre das die Lösung? Tatsächlich entdeckte sie Unmengen von Dingen, die ihr vielleicht helfen könnten. Sie buchte einen Wellnessurlaub, nahm Klangbäder und leistete sich eine Farb- und Stilberatung für ihre Garderobe, weil sie unbedingt lernen wollte, sich als eine Person zu behandeln, die zählte.

Drei Monate später hatte sie die erste Runde dieser Maßnahmen hinter sich und war komplett in Pastelltöne und weiche Stoffe gekleidet. Sie fühlte sich geschmeidiger, hatte mehr Körperbewusstsein entwickelt, war gelassener und modebewusster. Nebenbei hatte sie zwei Kilo abgenommen und strahlte mehr Selbstvertrauen aus, was zweifellos positive Veränderungen waren.

Doch obwohl sie leichter und ruhiger war, fühlte Jenny sich immer noch einsam und hatte wegen ihrer Schmerzen Schuldgefühle. Nach wie vor blendete sie einen großen Teil ihrer Erfahrungen als unzulässig aus. Noch immer sehnte sie sich nach einem Ort, an dem sie ungestraft aufrichtig sein konnte, wo sie Empathie finden würde, keine Urteile. Noch immer schämte sie sich für ihre Bedürfnisse und war gleichzeitig wütend auf sich, weil sie so bedürftig und kaputt war.

Die Bausteine, die Jenny sich selbst anbot, erreichten sie nicht auf einer tieferen Ebene, weil sie nichts damit zu tun hatten, wer sie war und was sie wirklich brauchte. Was sie sich gegönnt hatte, entsprach nicht ihren *echten* Sehnsüchten und Erfahrungen. Es erfüllte keine ureigenen Wünsche. Diese Verwöhnmomente taten ihr gut, ja, aber nichts davon erreichte die verurteilten und geleugneten emotionalen Bedürfnisse, die ihrer Erschöpfung zugrunde lagen. Und Jennys Beziehung zu sich selbst wurde dadurch nicht besser. Wie viele Frauen gönnte sie sich nur das rein äußerliche Pauschalangebot, das Allheilmittel für das „Es geht mir nicht gut“-Problem. Jenny hatte über mehrere Monate die Wellnessökonomie brav konsumiert, doch sie war emotional immer noch erschöpft. Nur kam die Erschöpfung jetzt in einer geschmeidigeren, pastellfarbenen Verpackung daher.

Was ich als emotionale Erschöpfung bezeichne, umfasst so viele verschiedene Symptome, dass es dazu keine eigene Statistik gibt. Deshalb sollten wir das, was heutige Frauen erleben, vorerst unter dem Oberbegriff „Stress“ zusammenfassen. Laut einer Meldung aus dem Jahr 2010 zu „Stress in Amerika“ gaben damals 23 Prozent aller befragten Frauen ein

Stressniveau von 8, 9 oder 10 an, wobei 10 „eine Menge Stress" bedeutete.[1] Das passt zu meinen Beobachtungen.

Aber wir dürfen beruhigt sein – denn so wird es uns buchstäblich verkauft. Es gibt eine Lösung für unsere Probleme, ein Heilmittel für unsere emotionale Erschöpfung.

Die Entstehung der Self-Care-Branche

Hinter Begriffen wie *Self-Care* oder Wellness verbirgt sich ein milliardenschwerer Wirtschaftszweig, der sich mit fast jedem anderen Konsumzweig verknüpfen lässt, ob Saunieren, Baden, Wasser, Hautpflege, Kerzen, Wein, ätherische Öle, Blumen, Reisen, Ernährung, Heimtextilien – fast überall gibt es auch ein Standbein auf dem Self-Care-Markt. Eine interne Studie von 2020 entlarvte „self-care" sogar als den häufigsten Suchbegriff des Jahres bei Google.[2]

Aber wie konnte es dazu kommen, dass wir Selbstfürsorge konsumieren? Wie konnte eine ganze Industrie daraus werden? Zum besseren Verständnis sollten wir einen Schritt zurücktreten und die Herkunft dieser Bewegung beleuchten, dieses Molochs namens Self-Care. Wie wurde Selbstfürsorge definiert, ehe sie zu Wellnessangeboten und Einzelhandelsprodukten mutierte?

Schon 500 Jahre vor Beginn unserer Zeitrechnung forderte Sokrates: „Erkenne dich selbst", und ermunterte seine Schüler, auf ihre eigenen Gedanken, Einstellungen und Erfahrungen zu achten. Ein nicht hinterfragtes Leben war laut Sokrates nicht lebenswert. Man könnte somit Selbsterkenntnis als die ursprünglichste Form der Selbstfürsorge einstufen, wie es der französische Philosoph Michel Foucault denn auch tat.[3]

Jahrtausende nachdem Sokrates die Menschen lehrte, ihr Leben zu hinterfragen, ließ unser Interesse am Idealzustand des Seins nach. Selbstfürsorge wurde zu einem eher medizinischen Konzept. In den 1960er- und 1970er-Jahren ging es dabei um Autonomie und eine bessere Lebensqualität, in erster Linie für alternde oder psychisch kranke Menschen. Der Fokus lag auf Bewegung und anderen Elementen einer gesunden Lebensweise. Daneben ging es darum, Patienten beizubringen, nach einer Operation gut für sich zu sorgen, um optimale Heilung zu gewährleisten.[4]

Danach verwandelte sich Self-Care zu etwas, das nicht nur den Patienten diente, sondern auch den Beschäftigten in der Pflege, besonders in risikoreichen und emotional anstrengenden Berufszweigen. So wurde Self-Care zu einem Element, das Menschen in Pflege- und Sorgeberufen für das eigene Wohlbefinden bräuchten, um Stress und Burnout vorzubeugen. Daraus wiederum wurde die Einsicht, dass wir uns nicht gut um andere kümmern können, wenn es uns selbst nicht gut geht, ob körperlich oder emotional.

Als Antwort auf die Bürgerrechts- und Frauenrechtsbewegungen fand das Self-Care-Modell noch zu einer zweiten Ausprägung: Es ging über den individuellen Rahmen hinaus und wurde mit Politik und Machtfragen verknüpft. Gesundheitsprobleme waren oft mit Armut verbunden, womit Gesundheit ein notwendiger Hebel wurde, um die Machtstrukturen von ethnischer Zuordnung, Geschlechterrolle, Klasse und sexueller Orientierung zu brechen. Ungleiche Gesundheitsversorgung galt als die inhumanste Form der Ungleichheit. So betrachtet konnten Machtstrukturen sich nicht verändern, wenn nicht jede und jeder die Chance auf Gesundheit hätte.

Im Zuge dieser Bewegungen wurde Self-Care zu einer Protestform, mit der Bevölkerungsgruppen mehr Selbstbestimmung erhielten, um der Ungleichheit in der Gesellschaft zu begegnen.

Der nächste Umbruch erfolgte gegen Ende des 20. Jahrhunderts, als Self-Care im Sinn von mehr Wohlbefinden (also „Wellness“) die traditionelle westliche Medizin erweiterte. Die Menschen gingen davon aus, eine ganzheitlichere Einstellung zu Körper und Psyche entwickeln zu müssen. Durch Self-Care könnten sie proaktiv zu ihrem Wohlergehen beitragen, anstatt zu Ärzten zu laufen und Krankheiten behandeln zu lassen. Ab diesem Punkt waren „industrielle“ Wellness und Selbstfürsorge nicht mehr voneinander zu trennen, und das war auch der Zeitpunkt, als das Konzept leichter und spielerischer wurde. Fitness wurde zur Self-Care für alle. Sportstudios boomten, und alle Welt begann mit Yogaübungen. Wellness-Zentren wurden Teil der Firmenkultur, denn man erkannte den wichtigen Einfluss von Gesundheitsfürsorge auf die Produktivität der Angestellten.

Und dann kam der 11. September, und mit ihm rückte die posttraumatische Belastungsstörung (PTBS) in den Mittelpunkt der Aufmerksamkeit. Natürlich wurde diese Erkrankung in Psychologie und Psychiatrie schon lange behandelt, insbesondere bei Soldaten nach einem Kriegseinsatz. Doch nach dem Einsturz des World Trade Centers war PTBS plötzlich in aller Munde. Self-Care wurde in Medizin, Pflege und Sozialarbeit zu einer Pflichtübung für alle Beteiligten – ob Ersthelfer, Traumatherapeutin oder Sozialarbeiter. „Seelenhygiene“ galt als unabdingbar, um dem emotionalen Burnout und der Erschöpfung durch das Einfühlen vorzubeugen, die damit einhergingen, wenn man sich um andere kümmerte.

Inzwischen ist das 21. Jahrhundert weiter fortgeschritten, die Technik entwickelt sich, und mit ihr verändern sich unsere Werte. Unser Leben konzentriert sich zunehmend auf Produktivität, mit der wir natürlich Wohlstand schaffen wollen. Das Verständnis von Self-Care hält damit Schritt und verspricht uns eben dies: Uns produktiver zu machen. Angestellte, die auf sich aufpassen, sind bessere Angestellte und erzeugen somit mehr Wohlstand.

Es geht immer mehr um neue Erzeugnisse und Erlebnisse, um den Erwerb von „etwas", das uns mehr Glück und Lebensqualität verspricht. Self-Care geht mit dem unausgesprochenen Versprechen einher, dass wir nur ausreichend danach streben und genug davon kaufen müssen, um am Ende ein gesundes, friedliches Leben zu führen, in dem es uns an nichts mangeln wird.

Wellness funktioniert nicht

Heute steht eine Fülle an Produkten und Angeboten aller Preisklassen bereit, deren einziger Zweck es ist, dafür zu sorgen, dass es uns gut geht. Und wir erwerben diese Produkte und nutzen diese Dienstleistungen und Kurse mehr denn je. Dennoch sind wir nach wie vor gestresst und erschöpft, womöglich ebenfalls mehr denn je. Wir kaufen uns Wohlbefinden, aber unser Befinden wird nicht besser. Wie kann das sein? Was stimmt da nicht? Warum hilft uns Self-Care nicht?

Im Grunde genommen ist an den Angeboten und ihren Zielen nichts auszusetzen. Wer hätte gegen eine Schokoladenmaske oder Lavendelkerzen etwas einzuwenden? Ein Schaumbad schadet gewiss nicht. Es liegt auch nicht an uns und der Art und Weise, wie wir Self-Care gegenwärtig nutzen. Das Problem besteht darin, dass unser Self-Care-System uns zwar oberflächlich zufrieden stimmt und beruhigt, aber die wahre Ursache unmöglich angehen kann.

Es ist jedoch nicht nur das ungeeignete Heilmittel – das alleine wäre gar nicht so schlimm. Das eigentliche Problem besteht darin, dass Self-Care, wie wir sie gegenwärtig verstehen, unsere emotionale Erschöpfung weiter zementiert, also genau das verschlimmert, was wir eigentlich damit heilen wollen.

Noch ein „Ich sollte" auf der To-do-Liste

Zunächst einmal ist Self-Care nur ein *weiterer* Punkt auf der langen To-do-Liste. Noch etwas, worin wir versagen und weswegen wir uns Vorwürfe machen können. *Kümmerst du dich gut um dich selbst? Tust du auch wirklich genug für dich?* Und: *Wenn nicht, dann solltest du das unbedingt tun!* Das hören wir unablässig von anderen und auch von uns selbst. Self-Care ist eine weitere Verpflichtung, die wir erfüllen müssen, um noch perfekter zu werden. Es ist eine weitere Methode, um zu beweisen, dass wir uns selbst wichtig nehmen. Somit tragen Frauen jetzt ironischerweise noch die zusätzliche Last, denen, die uns lieben (und uns selbst), Self-Care *schuldig* zu sein. Und wenn uns das nicht gut genug gelingt, sind wieder einmal ganz allein wir selbst schuld.

Gleichzeitig wird Selbstfürsorge zu einem mentalen Konzept, das von uns selbst und dem intuitiven Wissen, was uns guttut, abgekoppelt ist. Dieses Konzept baumelt einsam da draußen herum, ohne Verbindung zu seinem wahren Ursprung: *dir selbst.* Wenn du laufen gehst, weil du deinen Körper spüren willst und dich auf die Endorphine freust, die beim Sport ausgeschüttet werden, dann hat das eine ganz andere Wirkung, als wenn du es tust, weil du es tun *solltest* oder weil du *weißt*, dass es gut für dich ist. Erstens ziehst du sehr viel wahrscheinlicher los, wenn es dein eigener Wunsch ist, als wenn es darum geht, was das Laufen bedeutet oder über dich *aussagt*. Die Vorstellung, laufen zu *müssen*, lässt dich eher tiefer in die Couch einsacken, ohne dass die Schuhe auch nur aus dem Schrank blinzeln. Aber selbst wenn du dich dazu durchringst, bleibt diese Art der Selbstfürsorge eine weitere Aufgabe auf der unendlichen To-do-Liste. Sie bestätigt lediglich deine Identität als verantwortungsbewusste Frau, die auf sich achtet.

Je populärer das Konzept der Selbstfürsorge wird, desto mehr verliert sie den Bezug zum eigenen Selbst, dem sie doch eigentlich dienen soll. Wir haben die Sorge für das eigene Wohl effektiv an zuverlässigere Experten delegiert, die uns bereitwillig erklären, wie wir für uns selbst sorgen sollten. Und wir unterwerfen uns pflichtbewusst ihrer Weisheit. Dieser Prozess stört unsere grundlegende Intuition – den tief verwurzelten Drang, für uns zu sorgen, und die Weisheit, wie das geht. Und ohne dieses intuitive Wissen kann echte Selbstfürsorge nicht gelingen.

Daneben gibt es noch einen zweiten Anspruch, der mit unserer gegenwärtigen Beziehung zu Self-Care einhergeht und unsere Fähigkeit beeinträchtigt, zu bekommen, was wir brauchen. Wir sind nämlich davon überzeugt, dass es uns mit den Wellnesssymbolen – den Duftöllampen, den speziellen Tees und Sauerstoffcocktails, die wir konsumieren – gut gehen sollte. Wenn wir immer noch nicht zufrieden und voller Energie sind, obwohl uns gerade eine Gesichtsmaske aufgetragen wurde und wir dabei in die kostbare Kaschmirdecke gekuschelt waren, dann muss wohl mit *uns* etwas nicht stimmen. Unglücklicherweise wird aus Self-Care damit nur ein weiterer Anlass, nicht genug zu sein und sich schuldig zu fühlen, weil nichts von all dem, was uns angeboten wird, das ist, was wir brauchen.

Dabei sind wir nur deshalb unzufrieden, weil das, was wir kaufen können, nicht das ist, was unsere wahren Bedürfnisse befriedigt oder uns an den Wurzeln der Erschöpfung nährt. Wir tun weiterhin so, als wäre das käufliche Angebot genau das, was wir brauchen, und verhalten uns entsprechend – als hätte die Kaiserin tatsächlich neue Kleider an.

Abgelenkt bleiben

Die meisten Self-Care-Strategien verschaffen nur kurzfristig Erleichterung und vermitteln oberflächliche Lösungen für eigentlich systembedingte Probleme. Natürlich geht es uns gut, wenn wir wohlig in der Badewanne liegen. Die Muskeln entspannen, der Kopf träumt sich vielleicht davon, weit weg von den Alltagssorgen. In diesem Moment bist du möglicherweise sogar zufrieden mit dir und zugleich stolz darauf, dir etwas Gutes zu gönnen. Aber bald darauf bist du erschöpft. Schon wieder!

Weil die Erleichterung nur für kurze Zeit anhält, brauchen wir immer mehr davon: mehr Ratschläge, mehr Produkte, mehr Kurse, mehr Lösungen von Experten, die besser als wir selbst wissen, was wir brauchen. Die gesamte Self-Care-Branche fußt darauf, dass wir Antworten nachjagen und uns zugleich von all dem ablenken, was wir einerseits nicht fühlen wollen, andererseits aber doch „in Ordnung bringen“ möchten.

Jede Form von Sucht, ob nach Alkohol, Drogen, Sex, Shoppen oder Sport, gewährt uns eine vorübergehende Flucht vor echten Problemen. Auch mit unseren Selbsthilfestrategien fühlen wir uns eine Zeit lang so gut, dass wir ausblenden können, was in unserem Leben nicht stimmt.

Das ist zwar nicht so schädlich wie Suchtverhalten, doch wenn es darum geht, die tieferen Probleme anzugehen, vor denen wir in Bezug auf unsere Bedürfnisse stehen, sind diese Lösungsansätze nicht nur ungeeignet für die zu bewältigende Aufgabe, sondern lenken ab. In Wahrheit suchen wir nach einer echten Verbindung zu unserem Selbst. Und so irren wir weiter umher – wie in einem angenehmen, kleinen Rausch. Letztlich dienen solche Formen von Self-Care einzig der Selbstberuhigung. Wir fühlen uns verwöhnt und beschäftigt, sind aber Lichtjahre von dem entfernt, was wir wirklich brauchen.

Die endlose Suche

Das konsumorientierte Self-Care-System birgt ein weiteres Problem. Selbstfürsorge ist darin etwas, das wir kaufen und tun, ein Objekt oder eine Erfahrung, die unser Leben ergänzen – ein *Beiwerk* zu uns selbst. Der Nachteil daran ist, dass auch dieses Konzept uns im Suchmodus verharren lässt. Wir bleiben auf der Suche nach etwas, das sich außerhalb von uns befindet, um das auszugleichen, was uns unserer Meinung nach innerlich fehlt, jenen unbenennbaren Makel. Angesichts von unendlich vielen Produkten und immer neuen Dienstleistungen, die dir guttun (und dich damit vervollständigen) sollen, bist du immer nur einen Luffahandschuh mit Erdbeerduft von dem Gefühl entfernt, das dir eigentlich vorschwebt. Wenn du noch nicht den richtigen Coach, den richtigen Kurs, die richtige Blütenessenz oder das passende Duftöl gefunden hast, musst du lediglich weitersuchen.

Und mit all diesem Suchen und Ausprobieren stärken wir die Überzeugung, dass uns, so wie wir sind, irgendetwas fehlt, ohne das wir nicht komplett und zufrieden sein können, und dass eine andere Person besser weiß, was wir brauchen, obwohl es doch um uns geht. So unbefriedigend, kurzlebig und unpassend die Antworten auch sein mögen, suchen wir weiterhin überall nach dem, was wir brauchen. Überall, nur nicht in uns selbst.

Solange du glaubst, dass dein grundsätzliches Wohlbefinden von etwas abhängig ist, das außerhalb von dir selbst liegt, richtest du deine Aufmerksamkeit nach außen, um dieses Zaubermittel zu finden. Du selbst bist nicht mehr das Ziel deiner Reise, sondern lediglich der Abflugort. Und damit löst du dich von dir selbst.

Die Einstellung „von außen nach innen", die wir seit unserer Geburt gelernt haben, führt zu einer Entfremdung von der eigenen Intuition, dem angeborenen Wissen, und damit von unserem zuverlässigsten Leitstern. In dem Versuch, gut für uns zu sorgen, verzichten wir auf die Quelle in uns, die weiß, was das Beste für uns ist.

Das ist die subtilere und heimtückischere Folge des gegenwärtigen Self-Care-Systems: Es bestärkt uns in der endlosen Suche nach einer Quelle außerhalb von uns selbst, und dabei wenden wir uns von unserer inneren Quelle ab. Im Ergebnis fühlst du dich - wie wir alle - verunsichert und von der eigenen Weisheit abgeschnitten und bist nicht mehr ehrlich zu dir. Wir vertrauen uns nicht und glauben nicht daran, dass wir durchaus in der Lage sein könnten, auf uns selbst aufzupassen, wenn wir nicht mehr andere fragen, was wir brauchen.

Das ultimative Selbstoptimierungsprojekt: Du selbst

Bei gründlicher Betrachtung ist schon die Grundannahme von Self-Care absurd, nämlich dass es vernünftig ist, uns daran zu erinnern, freundlich mit uns selbst umzugehen. Ebenso lächerlich ist die Annahme, dass es akzeptabel ist, sich sagen zu müssen, dass wir unsere Aufmerksamkeit auch verdient haben. Wir haben ein System geschaffen, in dem wir uns mit Zettelchen daran erinnern müssen, nett zu uns zu sein. Und ein kompletter Wirtschaftszweig will uns beibringen, wie das geht. Erstaunlich, dass wir alle das mitmachen! Dabei ist es weder vernünftig noch akzeptabel, davon überzeugt werden zu müssen, dass wir echte Fürsorge verdienen. Es ist genauso aberwitzig wie die Tatsache, dass uns der grundlegendste Aspekt von Self-Care – uns selbst wichtig zu nehmen – abgenommen und an die freie Wirtschaft übertragen wurde.

Manche Frauen verstehen unter Selbstfürsorge schlichtweg acht Stunden Schlaf und eine ausreichende Vitaminzufuhr. Viele andere Frauen denken bei diesem Stichwort jedoch sofort an Selbstoptimierung. Wir sollten all diese Self-Care-Projekte nicht nur anleiern, weil es uns damit gut geht, sondern weil sie uns zu einer *besseren* Version von uns selbst machen. Erinnerst du dich an den Käfig der Harmoniesucht aus Kapitel 1? Genau genommen werden er und seine Glaubensätze durch Self-Care verfestigt.

All die Produkte und Dienstleistungen, die du dir gönnen sollst, vermitteln nebenbei eine subtilere Botschaft, die daran erinnert, dass du niemals zur Ruhe kommen kannst, dich nie in deiner Haut wohlfühlen wirst und niemals zulassen darfst, so zu sein, wie du gerade bist. Es gibt garantiert immer etwas zu tun, bevor du dir gestatten darfst, zu sein, wer du bist. Oder einfach nur zu existieren.

Als Frauen lernen wir von Kindesbeinen an, die endlose Reise der Selbstoptimierung anzutreten. Immer besser zu werden, dient unserem eigenen Wohl. Warum sollten wir das nicht wollen? Wenn wir aufhören, danach zu streben, enttäuschen wir uns selbst und andere, weil wir nicht das *Beste* aus uns herausholen – also etwas anderes als das, was wir gegenwärtig *sind*. Für eine Frau bedeutet Leben das ständige Streben, sich selbst zu verbessern. Somit ist Self-Care nur eine schlauere, verlockendere und scheinbar selbstbestimmtere Variante derselben alten Botschaft.

Das Heilmittel für die Realität

Aber lautet das unausgesprochene Versprechen von Self-Care nicht: Wenn du deine Aufgabe ernst nimmst und dich richtig gut um dich kümmerst, dann bekommst du ein gutes Leben!? Und was heißt das? Nun, in einem guten Leben widerfährt uns nichts Böses. Self-Care suggeriert auf subtile Weise, dass sie uns vor Leid bewahren kann. Dadurch ist sie mit der kulturellen Überzeugung verknüpft, dass das Leben nicht hart sein sollte – solange wir es nur richtig anpacken.

Genau da liegt der Knackpunkt, denn das Leben ist hart und geht immer mit Schwierigkeiten einher. Niemand schafft es, lebend hier herauszukommen, wie viele Honigbäder auch immer wir uns gönnen. Und niemand zieht ohne große Herausforderungen und Verluste durchs Leben. Die Self-Care-Gondel wurde an die Hoffnung auf eine sanfte Lebensreise gekoppelt, an ein Leben wie auf Wattewolken, in dem es nach frisch gebackenem Brot duftet, als säßen wir in einem

Social-Media-Post von Influencerinnen. Die Rituale, die wir uns gönnen, sind häufig angenehm und mitunter auch kraftvoll in ihrer Wirkung. Vorübergehend können sie uns beruhigen, aber gegen die tiefen Wunden, die das Leben schlägt, richten sie nichts aus – schon gar nicht in einem Kampf gegen die Realität.

* * *

Allerdings wissen wir, dass spezielle Aktivitäten oder Behandlungen uns mitunter eben doch guttun. Zwar verfliegt ihre wohltuende Wirkung bald wieder (weshalb wir das Erlebnis wiederholen möchten), aber die temporäre Erleichterung verrät uns dennoch eine Menge über die Bedürfnisse von Frauen. Im nächsten Kapitel setzen wir uns mit diesem Rätsel auseinander. Was hält erfolgreiche Self-Care für uns bereit? Mit welchen Elementen stillt sie unseren wahren Hunger?

Wenn wir verstehen, was gegen unsere Erschöpfung hilft, können wir das Wesen dieser Erschöpfung besser verstehen. Und wir können einer neuen Form der Selbstfürsorge Raum geben, die den wahren Ursachen nachgeht und Frauen zu realer, nachhaltiger Entlastung und neuer Energie verhilft – ganz ohne all die Wundermittelchen.

KAPITEL 6

Self-Care als Augenöffner

Es ist ganz offensichtlich, dass „industrielle“ Self-Care-Angebote grundsätzlich problematisch sind. Dennoch lohnt es sich, all jene Formen äußerlicher Self-Care näher zu beleuchten, die tatsächlich helfen. Als „äußerlich“ bezeichne ich in diesem Zusammenhang jede Behandlung oder Erfahrung, die von außen auf uns einwirkt und die wir uns nicht selbst geben können. Massagen werden gerne zu den wirkungsvollen, heilsamen Formen äußerer Self-Care gezählt. Deshalb habe ich mich damit näher befasst und Dutzende Frauen zu ihren Erfahrungen „auf der Liege“ befragt.

Dabei möchte ich betonen, dass ich Massagen (oder andere Behandlungen) nicht etwa empfehle. Mir ist auch bewusst, dass Massagen schon wegen der Kosten für viele unerschwinglich sind. Ich nutze lediglich die Wirkung des Erlebnisses, massiert zu werden, als Augenöffner, weil sie einen Blick auf das gestattet, was wir innerlich *wirklich* wollen und brauchen. Denn wir müssen lernen, uns dieses Bedürfnis zuzugestehen und es zu stillen. Um besser zu verstehen, worin die kraftspendenden Elemente einer Massage bestehen, habe ich den Vorgang in einzelne Bestandteile zerlegt.

Falls Körperarbeit dich nicht anspricht, stell dir bitte eine Form von Self-Care vor, die dir *hilft* und dir genau das gibt, was du brauchst. Es geht nicht darum, *was* dabei konkret geschieht, sondern um die Frage, welcher Aspekt dir das Gefühl vermittelt, umsorgt und gut versorgt zu sein.

Was geschieht bei einer Massage? Gedanken von Frauen auf der Liege

Die Massage beginnt in dem Moment, in dem die Therapeutin beide Hände auf den Körper legt. In diesem Moment sind unsere Gedanken noch so aktiv, dass wir uns vielleicht fragen, wann sie denn nun endlich anfängt und wie viel uns dieses *Nichtstun* kosten wird. Bald jedoch verfliegen solche Gedanken, und wir nehmen ihre Hände wahr und all die körperlichen Empfindungen, die diese in uns auslösen. Wir überlassen uns dem Erleben, und der Körper kann endlich tief ausatmen, ohne dass wir es ihm befehlen müssen. Noch ehe tiefere Muskelschichten angesprochen werden, geht es uns schon etwas besser. Jemand kümmert sich um uns!

Und dann beginnt der Druck, umsichtig und ohne Eile, ohne dass wir darum bitten müssen. Jetzt gestatten wir uns, die direkten Empfindungen wahrzunehmen, in uns präsent zu sein und dabei nicht zu analysieren, was gerade geschieht oder warum.

Irgendwann merken wir vielleicht, dass wir in alte Gewohnheiten zurückfallen: Wir brechen das Schweigen, das uns so guttut, lenken die Aufmerksamkeit um und lösen uns vom reinen Empfinden, um der Therapeutin Rückmeldung zu geben, damit auch sie ein positives Erlebnis hat – und damit kümmern wir uns um *sie*. Wir tun also, was wir gelernt haben. Mit etwas Glück ertappen wir uns dabei, werden wieder still und erinnern uns daran, dass dieser Moment ganz alleine *uns* gehört. Wir sind hier, um zu empfangen, sonst nichts. *Nur* empfangen. Wenn wir in dieser Form zum eigenen Erleben zurückkehren können, empfinden wir echte Erleichterung, nicht nur körperlich, sondern auch geistig-seelisch und insgesamt. Dann verlassen wir den Raum in dem Gefühl, echte Fürsorge empfangen zu haben, die unsere Bedürfnisse gestillt hat.

Womit sich die Frage aufdrängt: Was geschieht bei dieser Erfahrung, dass sie so kraftvoll ist und uns *wirklich* nährt? Die Arbeit am Körper tut gut, aber was erhalten wir dabei jenseits der physischen Entspannung? Geht man diesen Fragen nach, zeigt sich eine Vielzahl heilsamer Elemente, die in praktisch allen Erfahrungen auftauchen, die uns wirklich weiterhelfen.

Was steckt hinter dem „Ahhh-Moment"?

Die Einladung, genau jetzt genau hier zu sein. In Gesprächen mit Frauen taucht sehr regelmäßig der starke Wunsch auf, *nicht so verkopft* zu sein und den Verstand einmal *abzuschalten.* Echte Selbstfürsorge bietet die Chance, genau das zu erleben. Wir dürfen unseren Verstand vom Denken, Planen, Dirigieren, Tüfteln und Erledigen abziehen und uns der Welt des unmittelbaren Empfindens überlassen. Es geht um den Zugang zum gegenwärtigen Moment, darum, nicht mehr zwischen Vergangenheit und Zukunft hin und her zu springen, sondern ganz im Jetzt zu sein. Wir denken nicht mehr *über* unser Leben nach, sondern empfinden es. Sonst *nichts.*

In solchen Momenten können wir innehalten. Wir erleben eine Pause von all der Rennerei und all den Dingen, die es abzuarbeiten gilt. Wir gestatten uns den Ausstieg aus dem Hamsterrad der Produktivität, sind ausschließlich da, wo wir sind, ohne dass wir uns um etwas anderes, um mehr oder Besseres kümmern zu müssen. Dabei stellt sich heraus, dass wir im Leben in der Regel nicht mehr brauchen, sondern weniger.

Endlich Stille. Ergänzend zu dem Bedürfnis nach einer Pause von all dem Denken und Tun wissen Frauen auch das Schweigen zu schätzen (und sehnen sich danach). Ein häufig geäußerter Wunsch lautet, sich *nicht* beteiligen zu müssen und *nicht* unablässig mit Botschaften und Geräuschen konfrontiert zu sein. Mit der Stille geht ein tief empfundenes Gefühl der Erholung einher. Körper, Geist und Seele tauchen in die Ruhe ein wie in Wasser nach einem Marsch durch die Wüste.

Und tatsächlich kann die Stille sich verwandeln in ein raunendes Nicht-Geräusch, dem wir von ganzem Herzen lauschen und in dem wir zur Ruhe kommen. Dieser Kontakt bleibt mitunter bestehen, auch wenn die Phase der Stille schon lange vorüber ist. Vielleicht nehmen wir sogar die Pausen zwischen Geräuschen wahr, was uns hilft, den Prozess des Kraftschöpfens fortzusetzen. Diese schlichteste aller Erfahrungen - einfach nur Ruhe - ist für viele Frauen zutiefst heilsam und genau das, wonach Körper, Herz und Geist verlangen. Damit ist das Schweigen ein wichtiges (und oft übersehenes) Element unter all den Bausteinen, die wir benötigen, um unsere Erschöpfung abzuschütteln und neue Vitalität zu tanken.

Ungeteilte Aufmerksamkeit. Sich einem anderen Menschen ganz überlassen zu dürfen, ist ein bemerkenswertes Erlebnis. Noch bemerkenswerter ist jedoch die Chance, sich auf sich selbst konzentrieren zu können. Wir gestehen uns selbst unsere ungeteilte Aufmerksamkeit zu, sind ganz *bei uns*, ohne Ablenkung oder Schuldgefühle. Erfolgreiche Self-Care-Angebote laden genau hierzu sein - uns selbst Gesellschaft zu leisten und ganz allein auf uns zu achten. Für die meisten Frauen ist es etwas ganz Besonderes, ganz bei sich zu sein, ohne sich um andere Menschen oder Aufgaben kümmern zu müssen, und es bedeutet ihnen viel.

Nicht geben, sondern nehmen. Im Zentrum jeder erfolgreichen Self-Care-Maßnahme steht die Gelegenheit, etwas zu empfangen. Und zwar ohne das Gefühl, das wir auch geben müssen. Funktionierende Selbstfürsorge ist das Angebot, für die Bedürfnisse anderer Menschen eben *nicht zuständig* zu sein. Es ist die Einladung, etwas zu erleben, das ganz allein *für uns* ist. Dieses mächtige Erlebnis des Empfangens ist ein unersetzlicher Bestandteil aller spirituellen und emotionalen Kraftrituale. Es klingt so naheliegend, aber dennoch muss es immer wieder betont werden: Wer sich gut versorgt fühlen will, muss sich gestatten, diese Zuwendung auch *anzunehmen*.

Was wir wirklich wollen. Die wirkungsvollste Zutat für kraftspendende Selbstfürsorge dürfte zugleich die schlichteste sein: Wir bekommen, was wir brauchen, weil wir genau das auch wirklich *wollen*. Wenn Self-Care funktioniert, liegt es daran, dass wir uns ihren Wert nicht einreden müssen. Wir müssen sie nicht in einen Rahmen oder Kontext stellen oder ihr einen übergeordneten Zweck zuweisen, damit wir sie uns gestatten. Wir brauchen keinerlei Gehirnakrobatik, um sie uns selbst (oder anderen) schmackhaft zu machen. Denn wir müssen uns nicht einreden, dass wir etwas Bestimmtes wollen *sollten*. Was wir Frauen tun, ist ohnehin viel zu oft von dem Gefühl, wie es sein sollte, motiviert. In diesem Fall entspringt das Erlebnis, das uns nährt, jedoch aus einem eindeutigen *Wollen*. Das ist unbestreitbar und größer als eine Vorstellung, eine Verantwortung oder eine Forderung. Es ist größer als wir. Dieses Wollen bewegt uns, nicht umgekehrt. Eine solche Erfahrung ist gerade deshalb so ungeheuer erholsam, weil sie so anders ist als fast alles, was wir sonst tun. Wir tun etwas, weil wir genau das tun wollen.

Beim Betrachten der verschiedenen Schichten wird deutlich, dass erfolgreiche Selbstfürsorge uns dazu verhilft, etwas zu erleben, wonach es uns auf einer tiefen Ebene tatsächlich verlangt. Sie stillt ein Bedürfnis, das uns oft selbst verborgen bleibt. Hinzu kommt, dass die Grundkomponenten, die bestimmte Vorgehensweisen so angenehm machen, überraschend konsistent sind. Es gibt unzählige Gründe, warum wir dabei körperlich, mental, emotional und spirituell auftanken, und sie laufen alle auf dasselbe hinaus: Sie lehren uns, worauf wir achten und was wir in uns selbst pflegen müssen.

Wir brauchen keine Wellnessbehandlung, nur uns selbst

Noch einmal fürs Protokoll: Ich will dir weder Massagen noch andere Behandlungen ans Herz legen oder neue Punkte auf deine To-do-Liste setzen. Das kann jede Suchmaschine. So angenehm und mitunter auch hilfreich bestimmte Formen *äußerlicher* Self-Care auch sein mögen – wenn du ernsthaft etwas gegen deine emotionale Leere tun möchtest und eine substanzielle Dauerlösung willst, hilft es nicht, nur auf Massagen oder andere äußerliche Elemente, Personen oder Produkte zu bauen. Echte Selbstfürsorge *kommt von innen und zeigt sich außen.* Es geht darum, tagtäglich in der Lage zu sein, gut auf sich zu achten, und zwar im Alltag, ohne diesen optimieren zu müssen. Natürlich darfst du all diese Angebote weiterhin wahrnehmen, warum auch nicht? Dir muss nur klar sein, dass sie keine echte Lösung für deine Erschöpfung sind. Letztlich muss Self-Care etwas sein, das wir uns zuverlässig selbst anbieten können, eine aus unserem Inneren gewachsene Einstellung. Denn schlussendlich ist Self-Care *weder* eine

Aktivität *noch* eine Ware, sondern vielmehr eine Beziehung, die wir zu uns selbst aufbauen und liebevoll pflegen.

Der Dreh- und Angelpunkt der Selbstfürsorge ist die Bereitschaft, sich selbst grundsätzlich freundlich zu akzeptieren und sich entsprechend zu behandeln. Um zu bekommen, was du wirklich brauchst, musst du lernen, deine Bedürfnisse und dich selbst in einem völlig neuen Licht zu betrachten. Massagen sind herrlich, aber noch herrlicher ist die Erkenntnis, dass wir alles in uns tragen, um neue Kraft zu schöpfen, und zwar auch dann, wenn der Spa-Bereich geschlossen hat. Alles, was du brauchst, um für dich selbst zu sorgen, ist in dir angelegt.

Auf die eigenen Gewohnheiten achten (und auf dich selbst)

Bevor wir uns erfolgreich um uns selbst kümmern können, müssen wir erst einmal merken, wann wir genau das nicht tun. Um irgendwann anders zu leben, musst du *jetzt* anfangen, anders zu leben. Und das bedeutet, dass du dir deiner gegenwärtigen Verhaltensmuster bewusstwerden musst. Achte zunächst auf deine Aufmerksamkeit. Worauf ist sie normalerweise gerichtet? Das, worauf du achtest, ist das, was deiner Meinung nach zählt, etwas, dem du einen Wert beimisst und dem du Macht über dich verleihst.

Als Frauen richten wir unsere Aufmerksamkeit ständig auf andere Menschen, machen uns Gedanken über *deren* Wohlergehen und achten darauf, wie *sie* mit uns umgehen, anstatt darauf, wie *wir* mit uns umgehen. Unsere Konditionierung lehrt uns, dass wir ständig auf alles und alle zu achten haben – nur nicht auf uns selbst. Auf uns selbst zu achten, würde bedeuten, dass wir *ebenfalls* zählen, und das wäre selbstsüchtig.

Doch sobald du dieses Muster erkennst, kannst du deine am Außen orientierte Vorgehensweise, die das eigene Innenleben ausblendet, neu justieren. Mit dem entsprechenden Bewusstsein kannst du die eingeschliffenen Muster so verändern, dass *auch* dein Erleben Aufmerksamkeit verdient hat und diese tatsächlich *erhält.*

Dir selbst Aufmerksamkeit zu schenken, hört sich vielleicht maßlos, sinnlos oder einfach falsch an. Es ist jedoch notwendig. Es kann nichts Neues passieren, du kannst weder zu dir selbst noch zur Welt ein neues Verhältnis aufbauen und dich auch nicht ehrlich um dich selbst kümmern, ohne dieses Grundrecht einzufordern. Es ist das Recht, dich ohne Schuldgefühle oder Scham für dich selbst zu interessieren und auf dich zu achten. Sobald du dich zum Ziel deiner Aufmerksamkeit erklärst, wirst du auch zur Treuhänderin deiner Selbsterhaltung und bist zuständig für deine eigenen Bedürfnisse.

Loslassen

Frauen haben aus gutem Grund Unmengen auf dem Schirm. Die meisten Frauen sind gefühlt für viel zu viele Aufgaben zuständig. Ständig überlegen wir, um wen wir uns kümmern müssen, was noch zu erledigen ist und wo wir eigentlich sein müssten. Wir gehen also davon aus, dass wir unmöglich *nur* da sein können, wo wir sind, genau jetzt, die Aufmerksamkeit *nur* hier. Jedenfalls nicht, wenn wir uns erfolgreich um alles andere kümmern sollen, das auch noch anliegt. Dabei ist diese Überzeugung nicht nur falsch, sondern genau die Vorstellung, die uns in beständiger Erschöpfung verharren lässt.

Wenn du ständig andere Verpflichtungen abarbeitest (und selbst wenn das nur in deinem Kopf passiert) und nie einfach nur da sein kannst, bleibst du chronisch ausgelaugt. Um von innen heraus zu heilen, musst du dir gestatten, an genau einem Ort zu landen: Hier und jetzt. Du musst dir erlauben, *nicht* mehr unablässig zu planen, zu erledigen, dich zu kümmern und alle zu versorgen, also ständig zu arbeiten. Erholung beginnt, sobald du dir zugestehst, zu sein, wo du *gerade* bist, und zwar nur dort. Dazu gehört das Vertrauen, dass du dich auch um *alles andere* am besten kümmerst, indem du den *jetzigen* Moment gut bewältigst, ohne *dich* selbst dabei aus den Augen zu verlieren.

Das dürfte allem widersprechen, was du je gelernt hast. Doch sobald du sich daran gewöhnt hast, deine eigene Aufmerksamkeit zu beobachten und wieder auf dich und dein Erleben zurückzulenken – ich bezeichne das als „nach-Hause-holen" –, bist du im Besitz einer neuen Superkraft. Du kannst deinen geschäftigen, redseligen Verstand jederzeit abschalten und dich aus der mentalen Ausrichtung auf das Wohl der anderen bewusst ausklinken. Sich auf sich selbst zu konzentrieren und präsent zu bleiben, tut richtig gut. Wann immer du es brauchst, kannst du dich dafür entscheiden, *innezuhalten* und *loszulassen*. Es ist eine Entscheidung für das Sein, nicht für das Handeln.

Selbstfürsorge von innen heraus erfordert bewusste Pausen, nicht nur rein körperlich, sondern auch mental und emotional. In diesen Auszeiten stehst du anderen nicht zur Verfügung, sondern bist nur für dich da. Mentales Abschalten lässt sich lernen. Sobald du dem Körper die Führung überlässt, bewusst durchatmest und dem Körper nachspürst, *bewegst* du dich in die richtige Richtung, nämlich *weg* vom Kopf. Dich nicht auf äußeres *Tun*, sondern auf inneres *Sein* zu konzentrieren – bewusst zur Ruhe zu kommen, dich nach innen zu wenden und in der Gegenwart zu erleben –, ist eine einfache

Entscheidung und schenkt neue Kraft aus der Tiefe. Schon dieser Entschluss ist Selbstfürsorge.

Das Verlangen spüren

All die Rollen, die wir spielen, und all das Verbiegen kommen uns teuer zu stehen. Der Preis besteht nämlich vor allem darin, dass wir nicht mehr auf unsere innere Stimme hören und das Gespür für unsere wahren Wünsche ausblenden. Wir lauschen nicht auf das Flüstern unseres „Ich will ...“, wir spüren nicht, was sein Schmerz uns vermitteln will, und reagieren nicht einmal, wenn es laut schreit. Stattdessen lernen wir, ausschließlich auf die alles übertönende, vertraute Stimme des „Sollte“ in unserem Kopf zu hören. Deshalb ist uns jederzeit bewusst, was wir tun (oder denken oder fühlen) *sollten.*

Unsere Konditionierung lehrt uns, der *Sollte*-Stimme oberste Priorität einzuräumen. Echte Selbstfürsorge erfordert jedoch ein neues Gleichgewicht, indem wir uns *nicht* mehr auf all die Sollte-Botschaften einstimmen, sondern auf die eher sensorische Energie des inneren *Ich-will-das.* Dazu gehört das bewusste Horchen auf diesen Impuls: *Ich will.* Wenn du dieser unverkennbaren Fährte nachgehst, entwickelst du dabei eine gesunde, respektvolle Neugier auf die Energie des Ja, das in dir aufscheint. Von innen heraus neue Kraft zu schöpfen, erfordert eine neue Beziehung zum eigenen Sehnen, einem Sehnen, das fortbesteht, auch wenn du versuchst, es dir auszureden. Die Stimme des *Sollte* wird dich weiterhin in die Erschöpfung treiben, wenn du nur darauf hörst. Wenn du jedoch den Mut aufbringst, das eigene *Wollen* zu fühlen, findest du die eigene Glut, den Funken, der das entzündet, wofür du brennst.

Dabei kommt es letztlich nicht darauf an, *was* du willst. Mich dem zu verpflichten, was ich innerlich wirklich will, ist nicht dasselbe, wie mir die Dinge zu gönnen, die ich mir wünsche. Das könnte dabei herauskommen, muss es aber nicht. Bei dem Prozess, den ich hier beschreibe, geht es darum, sich das eigene *Wollen* bewusst zu machen und sich mit diesem Gefühl anzufreunden, weil es etwas Ureigenes ist. Unter Umständen reicht es schon, dich regelmäßig zu fragen, was du willst, einen Wunsch zu bemerken, wenn er aufkeimt, und ihn bewusst zur Kenntnis nehmen.

Es kommt jedoch darauf an, von den Dingen, die wir spontan wollen, zum Kern des Wunsches vorzustoßen: Worum geht es wirklich? Wenn du diesen Ort erreichst, den Punkt in dir, der sich etwas wünscht, wenn du dich dort erkennst und Zugang zu dieser Weisheit findest – dann bist du zu Hause. Denn das ist der Schlüssel zu deiner eigenen Burg.

Meine Bedürfnisse: Wer ist dafür zuständig?

Die meisten Frauen glauben (zumindest bis zu einem gewissen Punkt), dass jemand anderes dafür zuständig ist, unsere Bedürfnisse herauszufinden und sie obendrein auch noch zu stillen. Im Erwachsenenalter liegt diese Verantwortung – und dieses Privileg – jedoch bei uns selbst, und bis zu einem gewissen Grad auch nur bei uns. Ich will nicht behaupten, dass niemand anderes sich um deine Bedürfnisse kümmern sollte. Manchmal ist das erforderlich. Doch auch, wenn du es dir vielleicht anders wünschen würdest (und es dir zweifellos anders verkauft wird), ist niemand anderes dafür zuständig, deine Bedürfnisse zu erraten oder sie zu erfüllen. Nicht dein

Lieblingsmensch, nicht deine Freunde, nicht deine Familie, nicht deine Vorgesetzten. Wenn so etwas passiert, ist das schön, aber die Aufgabe, gut für dich zu sorgen, liegt letztlich bei dir. Wenn du dich dieser Aufgabe von ganzem Herzen stellst, ohne Widerstand oder Trotz und ohne die Vorstellung, dass es aber doch anders sein sollte, bist du bereit, auf reife Weise auf dich selbst zu achten.

* * *

Die meisten Self-Care-Strategien konzentrieren sich auf aktives Handeln: Was wir tun müssen, wie wir für uns einstehen und unser Verhalten anpassen müssen, damit unsere Bedürfnisse erfüllt werden können. Aktiv zu werden, ist gut und auch notwendig. Doch ein *aktives Vorgehen ohne das Empfinden*, genau dies auch zu brauchen, überspringt eine elementare Voraussetzung. Ohne sich von innen heraus zu verändern, bleiben alle Fortschritte oberflächlich. Klangbäder und selbst gekaufte Blumen sind für sich allein kein Beweis, dass wir uns selbst wichtig nehmen. Mit dem spontanen Griff nach äußerlichen Erlebnissen überspringen wir das innerliche Erleben. Ich möchte nicht, dass du den Schritt, dich wirklich wichtig zu nehmen, überspringst.

Das zu bekommen, was du brauchst, erfordert innere Arbeit. Nur wenn du eine andere Einstellung zu dir selbst entwickelst (weil du dazu bereit bist), kannst du der Außenwelt auch anders begegnen. Du kannst nicht für dich selbst einstehen, ohne zuvor tief empfundenen Respekt und Liebe für das Ich zu entwickeln, für das du dich starkmachen willst. Einfacher ausgedrückt: Du kannst nicht von der Welt bekommen, was du brauchst, wenn du es dir nicht selbst geben kannst. In den folgenden Kapiteln erkläre ich, wie dir genau das gelingt.

KAPITEL 7

Alle Facetten des Selbst annehmen

Nickis Leben erschien beneidenswert. Sie liebte ihren Mann und die drei Kinder innig und kümmerte sich hingebungsvoll um ihre Familie und das gemeinsame Zuhause. Das war ihr Lebensinhalt, und es gelang ihr auch. Sie war sehr dankbar für alles, was sie hatte, und dennoch kam sie zu mir, weil sie durcheinander war, sich eingesperrt fühlte und mit ihrem Leben immer unzufriedener wurde. Sie sehnte sich nach etwas jenseits des häuslichen Glücks, denn sie wollte sich nicht nur als jemanden erfahren, dessen Leben sich darum drehte, andere Menschen glücklich zu machen – obwohl sie diese anderen wie verrückt liebte. Nicki wollte wieder spüren, wie es war, ganz sie selbst zu sein, voller Lebendigkeit, die Frau, die vor lauter Verantwortung und Kümmern auf der Strecke geblieben war. Sie wollte ein Leben, das auch ihr wahres Ich beinhaltete, nicht nur die Nicki, die sie für alle anderen war.

Diese Sehnsucht hatte sich über die Jahre immer wieder einmal geregt, und inzwischen wurden die Impulse deutlicher und die Abstände kürzer. Doch sobald Nicki ihre Wünsche spürte, ging sie rabiat dagegen vor. Verstimmt erinnerte sie sich daran, dass sie schließlich genau das habe, wonach alle strebten, und sie „unglaublich privilegiert“ sei. Sie führte ein perfektes Leben – wie konnte sie es also wagen, das zu brauchen, was sie brauchte? *Was stimmte nicht mit ihr? Wie konnte sie angesichts von so viel Glück nur so unzufrieden sein?* Das Einzige, was ihr dazu einfiel, war, nicht mehr zu fühlen, was sie fühlte, das innere Aufbegehren zum Schweigen zu bringen – „Schluss mit dem Unsinn“ zu machen, wie sie es nannte. Ihre Gefühle machten sie zu einem schlechten Menschen, also mussten diese Gefühle verschwinden. Wie es jedoch so ist, verschwand mit den abgeschalteten Gefühlen auch ihr Selbst, und das wurde zum eigentlichen Problem.

Vielen Frauen geht es wie Nicki – sie erinnern sich regelmäßig daran, dass es keinen vernünftigen Grund dafür gibt, das zu fühlen, was sie fühlen, oder zu brauchen, was sie brauchen. Sich diese Unzufriedenheit einzugestehen und auf das innere Sehnen zu hören, würde nur dazu führen, dass wir Frauen das, was wir nicht bekommen können, noch mehr vermissen und uns noch schlechter fühlen.

Verurteilen wir die eigenen Gefühle, geht es uns kein bisschen besser, und sie lösen sich deswegen auch nicht in Luft auf. Im Gegenteil – die Gefühle erstarken dadurch und sind eine noch größere Last. Jetzt bist du der Feind, und das entfremdet dich noch mehr von dem Selbst, zu dem du doch eigentlich eine bessere Verbindung suchst. Das Problem ist, dass du versuchst, dir etwas Gutes zu tun, ohne dein wahres Ich oder deine wahren Bedürfnisse wahrnehmen zu müssen. Du bietest dir Selbstfürsorge an, ohne deinem Ich eine Existenzberechtigung einzuräumen.

Irgendwann wählte Nicki eine andere Strategie, um ihre Wünsche nicht länger wahrnehmen zu müssen, die leider gar nicht so selten ist, wenn Frauen sich gegen sich selbst wenden. Es begann mit einem Glas Wein zum Abendessen, doch schon bald trank sie jeden Tag eine Flasche Chardonnay. Allerdings stellte sie fest, dass der Wein ihre Gefühle nur betäubte und auch das nur vorübergehend. Die unerwünschten Gefühle waren immer noch da, immer noch unerfüllt und abgewehrt. Und sie forderten immer noch ihre Aufmerksamkeit. Sie langweilte sich, fühlte sich weiter eingesperrt, war voller Wollen. Wenn die betäubende Wirkung des Alkohols nachließ, war der Schmerz noch stechender.

Nachdem sie diese Strategie zwei Jahre lang verfolgt hatte – den Gefühlen ausweichen, die sie nicht wahrhaben wollte, nicht der Mensch sein, der sie sein könnte, wenn sie sich nicht betäubte –, machte ihr nicht nur ihr Sehnen zu schaffen, sondern auch die Leber. Zum Glück war Nicki klug und stark genug, einen neuen Weg einzuschlagen.

Sie sah sich auf dem Self-Care-Markt um, und diese neue Strategie wurde zur nächsten Sucht. Sie investierte in ein teures Gerät zur Lichttherapie, sammelte Heilsteine, lernte backen und Yoga und ging wandern. Außerdem wurde sie Veganerin, badete in Himalaya-Salzen und trank genug Zitronenwasser, um die Titanic darin zu versenken. Nicki war davon überzeugt, die Antwort auf ihre unerwünschten Gefühle und ungestillten Bedürfnisse mithilfe entsprechender Self-Care-Maßnahmen zu finden. Sie wollte endlich „mir selbst Priorität einräumen" – so wie die Angebote es ihr versprachen.

Leider kann Self-Care in dieser Form echte Probleme genauso wenig lösen wie Alkoholkonsum. Sie lässt die Gefühle, die wir nicht haben wollen (weil wir sie nicht haben sollten), nicht verschwinden. Wir tun alles Erdenkliche, um den emotionalen Hunger zu stoppen, und dennoch wütet er unersättlich weiter. Und wir sind immer noch „schuld" daran, dass wir ihn spüren.

Der Grund für unsere Erschöpfung liegt *nicht* in der aktuellen Lebenssituation, so kompliziert diese auch sein mag. Häufig ist sie eher das Ergebnis der strafenden Haltung, die wir unserem Erleben und unseren Gefühlen gegenüber einnehmen. Wir haben gelernt, uns *innerhalb* unserer komplizierten Lebenssituationen auf bestimmte Weise zu behandeln – und das erschöpft uns.

Wenn du einen Blick auf dein Leben wirfst – stehst du deinen Gefühlen kritisch und abwertend gegenüber? Verurteilst du deine Erfahrungen als *falsch*, als etwas, das du nicht haben solltest? Sehnst du dich (wie Nicki) nach Kontakt mit dir selbst, nach Authentizität, und bist du zugleich frustriert von dir und enttäuscht von deinen authentischen Gefühlen?

In dieser unmöglichen Lage kämpfen wir nicht nur gegen die Realität an, sondern auch gegen uns selbst, und das Ergebnis ist ein Zustand gnadenloser emotionaler Fatigue. Deshalb möchte ich wiederholen: Die eigentliche Herausforderung liegt in der Beziehung zu uns selbst.

Die Schlüssel: Achtsamkeit und Selbstakzeptanz

Die wichtigsten Bausteine für wirkungsvolle, dauerhafte Selbstfürsorge sind Achtsamkeit und Selbstakzeptanz. Ehe sich etwas verändern kann, musst du bereitwillig zur Kenntnis nehmen, was du denkst, empfindest und körperlich spürst. Du musst bereit sein, deine Realität auch als deine Realität zu *akzeptieren*, ob sie dir so gefällt oder nicht. Das Wichtigste daran ist eine Haltung der Akzeptanz. Das bedeutet, dass du *alles* zulässt, welche Gefühle auch immer in dir aufsteigen, und *jede* Wahrheit auch als wahr akzeptierst. Wenn du endlich auf zuverlässig erholsame Weise für dich sorgen willst, sind Achtsamkeit und eine akzeptierende Grundhaltung unabdingbar.

Selbstfürsorge ist lernbar, und es geht dabei weder um die Jagd nach dem Zaubertrank noch um einmalige Erlebnisse und auch nicht um eine bessere Methode, jene Wünsche und Bedürfnisse loszuwerden, die du deiner Meinung nach nicht haben solltest. Es geht dabei um Folgendes:

- Das Vertrauen, dass dein Erlebnis nicht anders sein kann, als es ist. Dass du keine Schuld daran hast und dass dieses Erlebnis so zählt. Es ist genau deswegen legitim, weil es dein Erlebnis ist.
- Die Weigerung, dich für das eigene Empfinden zu kritisieren, zu verurteilen oder zu schämen.
- Die Bereitschaft, dich ehrlich wahrzunehmen, die eigene Wahrheit anzuerkennen und sie bedingungslos zu akzeptieren.
- Ein Terrain abstecken, auf dem du freundlich mit dir umgehen kannst und grundsätzlich und unwiderruflich auf deiner eigenen Seite bist.

Was Nicki aus ihrer emotionalen Erschöpfung heraushalf und auch dir weiterhelfen wird, ist eine neue Einstellung zu dir selbst. Du wirst Erfüllung finden, wenn du das Gefühl, unerfüllt zu sein, zulassen kannst, so widersinnig das auch klingen mag. Wenn du dir die eigene Erschöpfung eingestehst, wird ein neues Gefühl der Vitalität in dir aufkeimen. Mit der Zeit wirst du lernen, deine Gefühle zu erkennen und liebevoll anzunehmen, ohne dich dafür zu verurteilen und sie so hinzubiegen, wie sie deiner Ansicht nach sein sollten. Du wirst verstehen, dass du dir diese Gefühle nicht ausgesucht hast und auch keine Schuld daran trägst. Du kannst nur das empfinden, was du empfindest, also *muss* das in Ordnung sein. Auf diese

Weise wirst du (wie Nicki) die Essenz der Selbstfürsorge erkennen – und in diesem Sinne Mitgefühl und Respekt für dich selbst entwickeln.

Natürlich hat Nickis neue Einstellung zu sich selbst weder ihre häusliche Situation verändert noch ihr Leben perfekt gemacht. Sie veränderte jedoch die Art und Weise, wie sie ihre Situation betrachtete und empfand – und vor allem die Grundhaltung, mit der sie sich selbst *in* dieser Situation gegenübertrat. Vorher war Nicki davon ausgegangen, dass jede Schwierigkeit, jede Unannehmlichkeit, jeder Wunsch bewies, dass sie schlechte Entscheidungen getroffen hatte. Also war alles ihre Schuld. Irgendwann wurde ihr jedoch klar, dass Herausforderungen, Schwierigkeiten, Enttäuschungen und Wünsche nun einmal Teil des Lebens sind, des Lebens aller Menschen. Sie sind ebenso real wie all das, was uns lieb ist. Ihre Existenz musste jedoch nicht zwangsläufig dazu führen, dass Nicki sich deshalb schuldig fühlte oder sich Vorwürfe machte. So fand sie heraus, dass sie das häusliche Glück und ihre geliebte Familie absolut schätzen konnte und gleichzeitig liebevoll zur Kenntnis nehmen durfte, dass das Familienleben gewisse Aspekte nicht abdecken konnte – und sie deshalb vorläufig darauf verzichten musste. Mit der Erlaubnis, sich keine Vorwürfe mehr zu machen, wenn sie sich langweilte, und sich nicht mehr dafür zu hassen, mehr zu wollen, konnte sie sich selbst Verständnis dafür entgegenbringen, dass sie bestimmte Entscheidungen getroffen und damit auf anderes verzichtet hatte.

Nicki gelang etwas weitaus Radikaleres und Fürsorglicheres, als lediglich das auszublenden oder zu „reparieren", was ihr Schwierigkeiten bereitete: Sie nahm sich ehrlich wahr, und zwar im *Ganzen*, inklusive aller Widersprüche. Und dabei schloss sie Freundschaft mit ihrem *ganzen* Selbst.

Das Ziel von Self-Care (wie man sie uns anpreist) besteht darin, das zu entfernen, was sich nicht gut anfühlt, und dafür etwas zu ergänzen, was sich gut anfühlt. Das gehört zur Selbstfürsorge natürlich dazu! Aber häufiger als uns lieb ist (oder als wir es uns eingestehen wollen), werden wir das, was sich nicht gut anfühlt, in Wahrheit *keineswegs* los. Nicht weil wir zu schwach dafür sind, sondern weil die Realität nun einmal so ist, wie sie ist. Die Realität beinhaltet immer alles Mögliche, was sich nicht gut anfühlt: Situationen und Menschen, die nicht perfekt sind – einschließlich uns selbst –, Verluste und andere Schwierigkeiten, wenn das Paradigma der „Self-Care zum Ausradieren von Problemen“ versagt. Es klingt paradox, doch sobald wir in der Lage sind, das Schwierige hinzunehmen und uns selbst gegenüber freundlich zu bleiben, obwohl wir gerade etwas Unangenehmes erleben, fühlen wir uns langsam besser, mitunter sogar deutlich besser. Das ist das Wesen echter Selbstfürsorge: Wir schaffen die Probleme *nicht* ab, sondern nehmen einfühlsam zur Kenntnis, wie schwer es gerade für uns ist. Die Wahrheit als wahr zu *akzeptieren*, ist eine innere Haltung, die uns dazu verhilft, mit dem eigenen Leben Frieden zu schließen, und zwar so, wie es sich gerade entwickelt. Diese veränderte Sichtweise ermöglicht eine andere Form der Selbstfürsorge als das, was wir vielleicht zu brauchen glaubten. Und sie erweckt tatsächlich neuen Schwung und Glücksgefühle, die erstaunlicherweise aus uns selbst herrühren.

Ich habe Selbstfürsorge bisher als die Kunst beschrieben, eine einladende, liebevolle Beziehung zu sich selbst aufzubauen, um innerlich ein Klima von Akzeptanz und Empathie zu erzeugen und uns die Erlaubnis zu erteilen, alles zu fühlen, was da ist. Eine bestimmte emotionale Erfahrung verlangt jedoch eine gesonderte Auseinandersetzung damit, denn sie ist für

Frauen schwerer einzugestehen und hinzunehmen als jede andere – weil sie unserer weiblichen Konditionierung so elementar zuwiderläuft.

Bloß keinen Ärger!

Frauen erhalten in unserer Gesellschaft eine glasklare unausgesprochene Botschaft: Ärgere dich nicht! Wenn du weiblich bist und dich ärgerst, ist das inakzeptabel. Dann bist *du* inakzeptabel. Falls doch einmal Ärger aufflackert, erhalten Frauen häufig einen der folgenden Stempel: durchgeknallt, aggressiv, hysterisch, irrational, unattraktiv, fies, verbittert, grob, unweiblich, feindselig, „die hat ihre Tage" (oder „das sind die Wechseljahre") und natürlich Titulierungen wie „Biest", „Hexe" oder „Drachen". Ärger ist für Frauen eine gefährliche Emotion.

Frauen und Männer erleben Ärger relativ gleich, entwickeln aber eine völlig unterschiedliche Beziehung dazu. Jungen lernen, ihren Ärger als Zeichen von Zähigkeit zu betrachten. Männlicher Ärger ist ein Antrieb, ist produktiv und steht für Kraft und Zuversicht. Für Männer ist Ärger ein angemessenes Gefühl. Ärgert sich ein Mann, bleibt er dennoch charakterlich intakt.

Mädchen hingegen lernen, dass Ärger ungehörig ist, peinlich, ein Zeichen dafür, dass sie sich nicht unter Kontrolle haben. Wenn wir uns gestatten, wütend zu werden, haben wir versagt. Eine verärgerte Frau gilt als weniger vertrauenswürdig und hat es deshalb schwerer, Menschen zu überzeugen, dass ihr Anliegen berechtigt ist. Ärgert sich eine Frau, geht man eher davon aus, dass mit *ihr* etwas nicht stimmt, als davon, dass etwas anderes nicht passt. Ihre Verstimmung bezeugt, dass sie kaputt ist, womit nicht nur der Anlass irrelevant wird, sondern auch jede Notwendigkeit entfällt, diesen Anlass zu klären.

Daher lernen wir von klein auf, unseren Ärger zu unterdrücken und herauszufinden, wie er verschwinden kann. Das bedeutet in der Regel, dass wir uns ändern müssen. Ärger vermittelt Unzufriedenheit. Er bedeutet, dass wir mit etwas nicht einverstanden sind. Wenn unsere Aufgabe jedoch darin besteht, ein *braves* Mädchen zu sein, passt Ärger nicht zur Jobbeschreibung. Es ist verflixt schwierig, den eigenen Ärger als Tatsache anzuerkennen und gleichzeitig der Verantwortung nachzukommen, nett zu sein und alle glücklich zu machen. Ärger ist nicht nett und stimmt andere in der Regel nicht froh. Andererseits glauben wir, dass das Streben nach Harmonie auch für uns das Beste ist. Die Antwort liegt auf der Hand: Wir müssen herausfinden, wie wir es anstellen können, nicht wütend zu werden oder unseren Ärger zumindest zu ignorieren.

Deshalb geben wir uns größte Mühe, ihn zu zähmen, damit er weder andere noch unser grundsätzliches Streben nach Harmonie bedroht. Wenn wir den Ärger nicht mehr ausblenden können und auch nicht so tun können, als wäre alles bestens und es ginge uns prima, kommen ausgefeilte Strategien zum Einsatz.

Darüberstehen. Was wir Frauen wirklich gut können, ist das Abkoppeln vom eigenen Ärger, indem wir über den Dingen stehen und kurzerhand ein „besserer Mensch" sind. Ab dem Alter, in dem wir begreifen, dass es andere Menschen gibt, lernen wir, auf ihr Wohl zu achten. Wir sollen empathisch und nicht nachtragend sein und immer tun, was für alle das Beste ist, nicht nur für uns selbst. Dummerweise ist „nicht nur für uns selbst" oft gleichbedeutend mit „vor allem nicht für uns selbst". Lob gibt es, wenn wir bereit sind, auf unsere eigenen Bedürfnisse zu verzichten, um etwas Größeren zu dienen, nämlich dem, was für das Kollektiv gut ist. Wenn wir uns in andere hineinversetzen und unsere Perspektive ausblenden, steigt die Anerkennung für die von uns verbreitete Harmonie rasant an. Zur Belohnung bleiben unsere wahren Bedürfnisse zwar möglicherweise unerfüllt, wir fühlen uns nicht gehört, gesehen oder leichter ums Herz, aber wir bekommen zumindest den Orden der Edlen und Tugendhaften verliehen. Man mag und respektiert uns, weil wir einlenken, und das ist viel wert. Über den Dingen zu stehen, ist im Grunde genommen auch bewundernswert. Zum Problem wird es erst, wenn wir glauben, wir müssten das tun.

Selbstabwertung. Eine andere Fähigkeit, die Frauen exzellent beherrschen, ist das Verspotten und Abtun des eigenen Ärgers, indem wir uns darüber lustig machen und uns zugleich abwerten. Wir lachen über unseren Ärger und uns selbst, damit wir weniger bedrohlich, also akzeptabler erscheinen. Gleichzeitig schieben wir dabei unsere eigene Wahrheit von uns weg. Dass unsere Bedürfnisse *nicht erfüllt* werden, wird zu etwas, das anderen ein Kichern entlockt und damit letztlich dazu beiträgt, dass sie uns mögen. Auch hier tauschen wir das, was wir eigentlich wollen und brauchen, dagegen ein, dass man uns mag – denn das erscheint uns viel wichtiger.

Kleinreden. Wenn es um die weibliche Selbststeuerung geht, zählt zu der langen Liste der Fähigkeiten auch ein ausgeprägtes Talent, unseren Ärger in handliche, erträgliche Päckchen zu schnüren, um ihn rational und damit legitim erscheinen zu lassen. Wir entwickeln eine wahre Meisterschaft darin, unseren Ärger verständlich zu präsentieren – sobald wir ihn durchdacht haben, damit er gut verdaulich und nachvollziehbar, vor allem aber wutfrei ist. Damit entziehen wir ihm aber auch seine kraftvolle Unvorhersehbarkeit und die Chance, eine Veränderung für uns zu bewirken. Wir entziehen uns die konstruktive Energie und die Möglichkeiten, die er enthält.

Ein anderes Ventil suchen. Mitunter sind wir jedoch weder bereit noch willens, unseren Ärger herunterzuspielen, zu verlachen oder mit einem Schleifchen zu präsentieren. Ein Ausweg besteht darin, Eier gegen die Wand zu pfeffern, uns am Boxsack abzuarbeiten oder in schallschluckende Kissen zu schreien. Wenn wir partout wütend sein müssen, können wir das auf *positive* Weise tun, ohne andere zu stören oder zu beunruhigen. Niemand muss hören, dass wir wütend sind. Niemand muss davon erfahren. Nur die Kissen und Boxsäcke brauchen darunter zu leiden. Sich körperlich Luft zu machen, bietet zwar ein kurzfristiges Ventil, aber für die eigentlichen Gefühle und Bedürfnisse, die der Wut zugrunde liegen, ist es keine Lösung.

Wir sind fest darauf konditioniert, unseren Ärger als unweiblich, destruktiv und unangemessen einzustufen, als ein Gefühl, dem wir uns nicht „hingeben" sollten, weil man es gefälligst nicht zu haben hat. Ärger ist ein Problem, und zwar *unser* Problem. Also sind wir dafür zuständig, es zu beheben.

Dabei ignorieren wir beständig, dass Ärger ein Instinkt ist, der unserer Selbstfürsorge dient. Ärger soll uns beschützen und darauf hinweisen, dass wir gerade *nicht* bekommen, was wir brauchen. Und dass wir nicht mit dem einverstanden sind, was passiert. Ärger ist die unzufriedene Forderung, gehört und ernst genommen zu werden, die Weigerung, auf die Behauptung hereinzufallen, dass alles bestens ist und es uns bestens geht. Tragischerweise sind wir darauf konditioniert, uns von diesem natürlichen Selbstschutz abzuwenden und genau die

Gefühle zu ignorieren, die sich für unser echtes Wohlergehen einsetzen.

Angesichts des Drucks (und der Erwartung), ständig zuvorkommend, aufopferungsvoll, großzügig, nett, hilfsbereit, anerkennend und rundum zufrieden zu sein, ist Ärger in der Realität unvermeidbar. Wir können nicht all das und zugleich authentisch sein. Wir passen nicht in die gesellschaftlich vorgesehene Schublade, ohne uns dabei zu ärgern. Dummerweise ist Ärger leider nicht eingeplant. Er steht nicht auf der Liste akzeptabler Emotionen, und deshalb hadern wir mit unserer eigenen Realität. Emotional ist es sehr anstrengend, sich ständig zu beruhigen, den Ärger wegzustecken und gegen einen natürlichen, notwendigen Teil unserer Erfahrungen Krieg zu führen, der unleugbar existiert, aber als inakzeptabel gilt und uns unausstehlich macht.

Selbstfürsorge in Bezug auf Ärger beginnt wie alles andere auch mit einer Sensibilisierung dafür. Nimm deinen Ärger bewusst wahr. Erkenne ihn an, ohne ihn oder dich selbst dafür zu pathologisieren. Dafür musst du die Angst vor deinem Ärger ablegen und du darfst ihn nicht mehr wie eine Horde Piranhas behandeln. Du hast gelernt, dass Ärger gefährlich ist, doch in Wahrheit ist er dein Verbündeter. Am gefährlichsten ist er, wenn man ihn verleugnet und ihm innerlich den Platz am Tisch verwehrt.

Interessanterweise ist Ärger dennoch ein Antrieb, den deine Konditionierung nicht durchtränken kann. Er stärkt dir den Rücken, selbst wenn du gelernt hast, jede Deckung aufzugeben. Dein Ärger verteidigt dich. Er weiß, dass du zählst, selbst wenn du es nicht wissen oder dieses Wissen nicht anerkennen willst. Ärger keimt auf und schreit: „He, du da! Lass das! Das ist nicht in Ordnung!“

Dabei solltest du aber im Blick behalten, dass unter dem Ärger stets eine Verletzung sitzt. Ärger ist die laute Stimme, die deinem stillen (oder verstummten) Schmerz Ausdruck verschafft. In der Sprache der Emotionen sagen Herz und Seele bei Ärger „Nein!". Und unter diesem Nein liegt die Empfindung: „Autsch. Das hat weh getan." Unabhängig davon, was du dir einredest, bricht der Ärger sich Bahn und besteht darauf, dass du es wert bist, verteidigt zu werden. In diesem Sinne ist dein Ärger ein kostbarer Bestandteil deines emotionalen, spirituellen und körperlichen Wohlergehens. Du solltest dich um gesunden Respekt und Neugier in Bezug auf deinen Ärger bemühen (was nicht dasselbe ist, wie ihn auszuagieren). Das ist ein wichtiger, viel zu oft übersehener Aspekt von echter Selbstfürsorge.

Wir brauchen unser ganzes Selbst

Echte Selbstfürsorge geht über die Gefühle hinaus, die wir erfahrungsgemäß als akzeptabel einstufen. Sie muss mehr umfassen als nur die Wahrheiten, die leicht anzuerkennen, sicher, verständlich und vor allem für niemanden ein Problem sind. Es geht darum, eine akzeptable, respektvolle Beziehung zu den Anteilen aufzubauen, die wir für hässlich, peinlich, gemein, eklig, gefährlich und nicht liebenswert halten. Gefühle, die unserer Meinung nach *uns* hässlich, peinlich, gemein, eklig, gefährlich und nicht liebenswert machen. Wenn du wirklich gut für dich sorgen willst, musst du bereit sein, *alles* zu sehen, die ganze chaotische, nicht perfekte Realität. Alles davon – jeder Wunsch, jedes Bedürfnis, jedes Gefühl und jede Erfahrung – hat deine Aufmerksamkeit und Zuwendung verdient.

Beim nächsten Aufflackern einer unerwünschten Emotion (wie Ärger) wirst du dich ihr zuwenden. Nimm die Regung wahr. Schau genau hin, worüber diese Frau sich aufregt, was sie nicht bekommt, was sie also braucht – was *du* brauchst. Ehrlichkeit sich selbst gegenüber bedeutet keineswegs, dass du jede Emotion ausleben musst. Es ist vielmehr eine Einladung, dich selbst als willkommenen Gast mit an den Tisch zu setzen. Denn deine Gefühle werden nicht verfliegen. Du kannst sie unterdrücken, davor weglaufen, sie streng zum Schweigen bringen oder mit kleinen Auszeiten betäuben, aber dennoch bleiben sie bestehen und warten darauf, dass *du* dich mit ihnen befasst.

* * *

Inzwischen ist dir hoffentlich klar, dass Selbstfürsorge weder eine Ware noch eine Aktivität ist, sondern vielmehr eine Beziehung, die du zu dir selbst aufbaust und pflegst. Im nächsten Kapitel schalten wir einen Gang hoch und werden aktiv. Wir sehen uns an, was du konkret lernen (oder verlernen) musst, um diese neue Beziehung zu dir selbst wirklich zu leben.

KAPITEL 8

Die Rückeroberung des Selbst

Als Patty heimkam, saß ihr Mann auf dem Sofa und sah fern. Er war schon eine Stunde zu Hause, hatte aber noch nicht angefangen, das Essen vorzubereiten. Als sie ihn fragte, ob er eine Flasche Wein aufgemacht hätte – was zu ihrem Ritual gehörte –, brummte er nur etwas Unverständliches vor sich hin. Interessanterweise fragte Patty ihren Mann *nicht,* was mit ihm los sei und warum er nicht mit dem Kochen angefangen habe. Sie teilte ihm auch nicht mit, dass sie furchtbar hungrig war und dass es sie irritierte, dass noch nichts auf dem Herd stand.

Stattdessen stiegen in Patty Gedanken auf, was sie wohl gesagt oder getan hätte, um eine derartige Stimmung auszulösen. Vielleicht war sie in letzter Zeit etwas unaufmerksamer gewesen? Vielleicht hatte er sich von ihr abgewiesen gefühlt – hatte er intim werden wollen, als er ihr die Hand auf den Rücken gelegt hatte? Oder hatte ihr Kommentar über seine Freunde ihn geärgert? War sie zu aufmüpfig gewesen? Letztlich hatte Patty keine Ahnung, warum ihr Mann sich so merkwürdig und unfreundlich verhielt. Dennoch war sie von einer Sache überzeugt: Es war ihre Schuld. *Sein* unschönes Verhalten lag daran, dass *sie* etwas getan hatte, was sie nicht hätte tun sollen, oder etwas versäumt hatte, was sie hätte tun sollen. Fertig.

Wenn jemand etwas erlebt, das nicht gut ist, gehen viele Frauen automatisch davon aus, selbst die Ursache dafür zu sein. Die Gefühle anderer Leute sind unsere Schuld. Irgendetwas hätten wir anders machen müssen. Selbst wenn wir keine Ahnung haben, inwiefern wir versagt haben, und auch trotz bester Absichten müssen wir wohl etwas falsch gemacht haben. Wir haben uns angewöhnt, alles auf uns zu beziehen und an allem schuld zu sein. Was jedoch auch wieder nicht ganz stimmt: Nicht alles hat mit uns zu tun – nur das, was (von uns) in Ordnung gebracht werden muss.

Schauen wir uns einmal an, wie das bei Marjorie lief.

Marjorie und ihr guter Freund Pascal aßen zusammen zu Mittag. Irgendwann erzählte Pascal von einem aktuellen Thema aus den Nachrichten, das ihn irritierte und zu dem er jede Menge Theorien und eine starke Meinung hatte. Marjorie hörte eine Zeitlang zu und steuerte dann ihre eigenen Gedanken dazu bei, denn auch sie hatte zu diesem Thema eine Meinung und wusste viel darüber – deutlich mehr als ihr Begleiter.

Während sie sprach, wurde Pascal jedoch immer schweigsamer. Er schlug die Augen nieder und schien sich in sich selbst zurückzuziehen. Solange er seine eigene Meinung kundtun konnte, hatte er dies lebhaft getan, jetzt, da Marjorie eine aktive Rolle übernahm, nahm er nicht mehr am Gespräch teil und hörte nicht einmal mehr zu. Im Grunde hatte er sie alleine gelassen und sich als Gegenüber verabschiedet.

Marjorie nahm diesen Rückzug deutlich wahr. Sofort fühlte sie sich schuldig und beschämt. *Warum muss ich mich auch so in den Mittelpunkt drängen? Warum musste ich ihm den Wind aus den Segeln nehmen? Warum bin ich immer so eine Besserwisserin und stehle anderen die Schau?* Und dann die ultimative Frage:

Warum verhalte ich mich so grässlich? Sie hatte lediglich an einem Gespräch teilgenommen, und die Reaktion ihres Freundes hatte solche Wellen bei ihr geschlagen. In ihrem inneren Narrativ hatte sie eine unzulässige Einmischung begangen, eine dominante Rolle eingenommen und Pascal zur Unterwerfung gezwungen. Jetzt war sie davon überzeugt, dass es lange dauern würde, bis Pascal erneut den Mut aufbrächte und ihr ausreichend vertraute, um sich noch einmal aus seinem Schneckenhaus zu trauen. Und angesichts ihres unweiblichen, aggressiven Verhaltens sei das auch vollauf verständlich.

In ihrer Version der Geschichte hatte sie diesen Mann zerlegt und sich jeder Möglichkeit auf weitere Gespräche oder Nähe beraubt. Es war ihre Schuld, dass sie sich jetzt einsam und verlassen fühlte, ihre Schuld, dass sie sich schämte, und auch ihre Schuld, dass sie ihren Freund verunsichert hatte. Sie war einfach an allem schuld, auch an ihrem eigenen Ärger.

Die „Meine-Schuld"-Lüge

Pattys und Marjories Reaktionen klingen vielleicht etwas extrem, sind aber unter Frauen leider weit verbreitet. Wenn du dich auch nur ansatzweise in einer dieser Situationen wiedererkennst, musst du zuallererst eines wissen: *Du bist nicht für die Erfahrungen der anderen zuständig. Dass jemand sich unwohl fühlt, bedeutet nicht, dass es deine Schuld ist, dass du es verursacht hast oder dass du etwas dagegen tun musst.* Wenn es nur einen Satz gibt, den du aus diesem Buch mitnimmst, dann solltest du dir *genau das* gut einprägen. Wenn die Realität dir (oder anderen) nicht gefällt, musst du nicht zuallererst auf die Suche nach deinem Fehler gehen. Um deine emotionale Erschöpfung zu heilen, musst du aufhören, zu überlegen, was du falsch gemacht haben könntest, und dir die Schuld für absolut alles zu geben.

Wir Frauen sind insbesondere deshalb so ausgebrannt, weil wir so viel Zeit und Energie darauf verwenden, herauszufinden, was wir angestellt haben könnten und wie sich dieser angebliche Fehler wieder gut machen lässt. Doch echte Selbstfürsorge beginnt damit, sich nicht mehr in erster Linie mit unseren Schwächen zu befassen. Meiner Ansicht nach sollten diese Schwächen uns nicht einmal sonderlich interessieren. In einem ersten Schritt lösen wir uns dazu von dem Wahn, dass wir jeden glücklich stimmen und alles regeln könnten, wenn wir nur besser wären und uns besser verhalten würden.

Empathie für das Erleben einer anderen Person zu zeigen oder sich für die Lösung ihrer Probleme zuständig zu fühlen, sind zwei grundlegend verschiedene Dinge. Man kann den Schmerz eines anderen nachvollziehen und ihn trotzdem stehen lassen, ohne zu glauben, man hätte ihn selbst verursacht oder müsse ihn unbedingt beheben. Selbst wenn deine Ehrlichkeit bei anderen Menschen schmerzhafte Gefühle auslöst, hast du diese Gefühle doch nicht *verursacht*. Ganz gleich, was man dir beigebracht hat. Deine Ehrlichkeit und wie jemand anderes sie erlebt, sind zwei Dinge, die nebeneinander existieren können, ohne dass eines von beidem repariert oder ausgemerzt werden muss.

Die Überzeugung, dafür zuständig zu sein, dass es jemandem, der leidet, wieder besser geht, haben wir gründlich verinnerlicht. Um unsere emotionale Erschöpfung zu überwinden, müssen wir dieses Gefühl von Verantwortung und Kontrolle aufgeben. Das Ursache-Wirkung-Kino in deinem Kopf, für das du das Drehbuch schreibst, in dem du Regie führst und die Hauptdarstellerin bist, muss abgestellt werden.

Deine Erschöpfung verschwindet *nicht* dadurch, dass es dir gelingt, alle anderen glücklich zu machen. Auch nicht, wenn du endlich begreifst, wie du dein Leben und das der anderen besser im Griff haben kannst. Ganz im Gegenteil: Du musst die Kontrolle abgeben und zulassen, dass andere Probleme haben, selbst Menschen, die dir sehr wichtig sind. Du wirst neue Energie tanken, wenn du dich nicht mehr mit aller Kraft darum bemühst, das Leben so hinzubiegen, wie es deiner Meinung nach laufen sollte.

Die Rolle der universellen Problembeseitigerin abzustreifen, bedeutet auch, die eigenen Grenzen anzuerkennen, wenn es darum geht, alles „in Ordnung" zu bringen. Selbst wenn du die Probleme, die du siehst, noch so gern lösen würdest, bist du vielleicht gar nicht dazu in der Lage. Zudem ist dein Lösungsansatz vielleicht auch gar nicht erwünscht. Und wenn du ganz ehrlich bist, *willst* du vielleicht noch nicht einmal deine Energie darauf verwenden, die Sache zu lösen. Wichtig ist, dass du erkennen kannst, ob und wann du die Probleme angehen willst, die nach einer Lösung schreien. Sind sie deine Zeit, deine emotionale Energie und den mentalen Raum wert, den sie besetzen? Wer für absolut alles verantwortlich ist, neigt zwanghaft zu Reparaturversuchen und kann sich nicht aussuchen, wohin die eigene Energie und Aufmerksamkeit fließen. Am Ende bist du emotional und auch insgesamt erschöpft, denn es bleibt nichts mehr für dich übrig.

Wenn du jedoch nicht mehr davon ausgehst, dass alles deine Schuld ist und dass du alles in Ordnung bringen musst, stellst du möglicherweise fest, dass du erheblich mehr Energie hast – nicht nur für andere, sondern auch für dich selbst. Du kannst dich um all das kümmern, was dir wirklich am Herzen liegt, anstatt gezwungenermaßen für alles und jeden zuständig zu sein. Dadurch fühlst du dich lebendiger, gehst ehrlicher mit anderen um und bleibst mit dir verbunden. Und du kannst neugierig registrieren, was dir wirklich wichtig ist.

Und wenn du die Rolle der allzeit zuständigen Harmoniestifterin ablegst, kannst du auch mehr echte Empathie empfinden. Du kannst die Probleme anderer nachvollziehen, ohne sie gleich lösen zu wollen. Wenn du tatsächlich helfen möchtest, ist das ein realistischerer Wunsch, der dem *Wollen* entspringt, nicht dem *Sollte* der Verpflichtung. Verzichte darauf, alles und jeden zu versorgen, und akzeptiere, dass manches eben unangenehm *ist.* Das ist sehr befreiend, und es ermöglicht dir, die Realität so wahrzunehmen, wie sie ist, ohne sofort einschreiten zu müssen.

Vom Selbstverbesserungswahn zum Selbstwert

Die Bereitschaft, sich für alles verantwortlich zu fühlen, was verkehrt läuft, bezieht sich nicht nur auf die Außenwelt, sondern mindestens ebenso rigoros auch auf uns. *Wie kann ich besser sein?* Das ist die zentrale Frage, der Grundpfeiler unseres Lebens. Oberflächlich betrachtet klingt die Frage gesund und wichtig, denn immerhin ermuntert sie zur Weiterentwicklung. *Wie kann ich besser sein?* Dieser inneren Frage nicht nachzugehen, wäre sicher ein fataler Fehler, oder? Wir reden uns ein, dass uns diese Frage zum Nachdenken anregt und davor bewahrt, uns selbst gegenüber zu nachsichtig zu werden (was gefährlich wäre). Unsere Konditionierung behauptet, dass wir uns zu Unrecht als „vollkommen" einstufen würden, wenn wir uns nicht mehr ständig hinterfragen (und andere über uns befragen). Womöglich kämen wir sogar auf die Idee, wir bräuchten uns gar nicht mehr zu verbessern und zu verändern.

Um uns weniger ausgelaugt zu fühlen, brauchen wir eine andere Grundeinstellung zum Leben. Der gesellschaftliche Druck, immer besser zu werden, ist dabei kontraproduktiv und bremst uns aus. Das ständige Streben nach Verbesserung nährt nämlich den Glauben, dass wir so, wie wir jetzt sind, noch nicht gut genug sind. Damit können wir niemals ankommen und fest zu uns stehen. Ständig trachten wir nach einer neueren, verbesserten Version von uns, wollen einem anderen Bild gleichen, das dann bestimmt echte Wertschätzung verdient hat. Diese Jagd nach etwas, das wir nicht sind, ist unglaublich anstrengend.

Der Beschluss, nicht mehr einem Idealbild von dir selbst nachzurennen, bedeutet natürlich nicht, dass du deine Entwicklung als abgeschlossen und dich als perfekt betrachten solltest. So etwas gibt es nicht. Niemand ist perfekt! Doch wenn die Selbstverbesserung zum Lebensinhalt wird, steht sie deiner Entwicklung im Weg. Dein Vorgehen mag dir Bewunderung und viele Sympathiepunkte einbringen, aber in Wahrheit ist Selbstverbesserung nur ein anderer Ausdruck für Selbstkorrektur. Solange der Wunsch nach Selbstverbesserung dein Hauptantrieb ist, bleibst du verbesserungswürdig und verwehrst dir das Recht, in dir selbst zu ruhen. Dein aktuelles Selbst ist allerdings der einzige Ort, an dem deine *Entwicklung* stattfinden kann. Deine emotionale Erschöpfung lässt nach, wenn du akzeptierst, dass das Leben dir unweigerlich zeigen wird, was du lernen und wie du wachsen musst. Das geschieht ganz von allein. Dich selbst als verbesserungswürdiges Projekt zu betrachten, lenkt nicht nur von der Person ab, die du jetzt bist, sondern intensiviert deine Unsicherheit und damit auch deine Erschöpfung.

Erst wenn du die Selbstvervollkommnung nicht mehr als den Sinn des Lebens betrachtest, kannst du dich wirklich kennen lernen. Ohne den beständigen Druck, dich zu verbessern, kann das ehrliche Interesse, wer und wie du jetzt bist, die fiktive Person ersetzen, die du irgendwann einmal sein willst. Dieses Umdenken wird dir eine enge, freundliche Beziehung zu dir selbst und damit echte Selbstfürsorge ermöglichen, denn du wendest dich an die Frau, die du bist, nicht an die, die du werden solltest. Ich verspreche dir, dass du dennoch weiter wachsen wirst. Deine Entwicklung wird nicht gehemmt, und du bist auch nicht arrogant, wenn du das zwanghafte Selbstverbessern aufgibst. Der Verzicht auf die Hoffnung (und Forderung), eine andere zu werden, ist der erste und wichtigste Schritt, um authentisch die Frau zu verkörpern, die du bist.

Eigenlob stinkt nicht

Viele Jahre habe ich aufmerksam zugehört, wenn Frauen über sich selbst sprachen. Irgendwann wurde mir bewusst, wie häufig und wie rigoros wir uns selbst herabsetzen und wie schwer es uns umgekehrt fällt, uns positiv über uns zu äußern, ohne uns gleich dafür zu entschuldigen. Ich erkannte, dass wir lernen müssen, uns selbst zu loben, um neue Vitalität zu tanken.

Diese Idee stieß teilweise auf vehemente Ablehnung. Männer reagierten häufig zögerlich bis missbilligend: „Hm. Das klingt interessant. Aber glauben Sie wirklich, dass Frauen das brauchen? Mehr Angeberei?“ „Aber muss eine starke Frau ihre Stärke ernsthaft stolz *zur Schau stellen,* Nancy?“ „Frauen sollten also mehr wie Männer sein? Das ist das Ziel?“ Die Vorstellung, dass eine Frau sich zu Eigenlob erkühnen könnte, schien nicht nur Unbehagen auszulösen, sondern auch negative Urteile.

Wenn ich dieselbe Idee jedoch gegenüber Frauen äußerte, kam oft eine ganz andere Reaktion. Die Erlaubnis, stolz auf uns zu sein, ohne Scham und Schuldgefühle zu glänzen ... allein der Gedanke daran weckte Begeisterung. Viele Frauen gaben allerdings zu, dass sie es nicht für machbar hielten, jedenfalls *nicht,* ohne als arrogant, egozentrisch und aufmerksamkeitsheischend verurteilt zu werden. „Selbstloses Kümmern und Eigenlob passen schlecht zusammen", sagte eine Frau dazu. Das stimmt. Selbstlosigkeit und klares Eigenlob sind ein gewisser Widerspruch.

Wenn wir uns selbst anerkennen, könnten andere glauben, dass wir Aufmerksamkeit suchen oder sie gar unbedingt *brauchen.* Und positive Aufmerksamkeit zu wollen oder zu brauchen, ist natürlich falsch. Sobald wir offen stolz auf uns sind, sind wir nicht mehr unsichtbar und selbstlos. Der Wunsch nach Anerkennung ist nicht nur wenig anziehend, sondern ein Zeichen der Schwäche. So haben wir es gelernt. Er bedeutet, dass wir nicht bescheiden oder selbstsicher genug sind, um auch ohne Lob zufrieden zu sein. Hinzu kommt der Verdacht, dass wir bestimmt entweder eingebildet sind, wenn wir positiv über uns sprechen, oder übertreiben (oder beides). Da so viele negative Reaktionen im Raum stehen, zügeln wir verständlicherweise den natürlichen, gesunden Wunsch, stolz auf uns zu sein. In jedem Fall posaunen wir unsere Erfolge und Stärken nicht hinaus, ohne sehr aufmerksam darauf zu achten, wie andere darauf reagieren. Wir werden sehr gut darin, *keine* Anerkennung zu brauchen und dafür zu sorgen, dass alle wissen, dass wir sie weder brauchen noch wollen – ob das nun stimmt oder nicht. Ernsthaft gesehen und anerkannt zu werden, wäre schließlich furchtbar peinlich. Und es wäre arrogant, anzunehmen, dass wir es verdient hätten, oder?

Der Wunsch nach Anerkennung und Sichtbarkeit ist ein normaler und gesunder menschlicher Impuls. Dennoch gehen Frauen aufgrund ihrer Konditionierung davon aus, dass dieser

Wunsch bei ihnen ein peinlicher Makel ist, den sie besser nicht haben sollten.

Um nicht mehr dauererschöpft zu sein, musst du die gewohnheitsmäßige Selbstabwertung abschütteln. Dich unsichtbar zu machen, war einst eine Methode, dich zu schützen und liebenswert zu erscheinen. Heute laugt es dich aus. Es ist wichtig, zuversichtlich und respektvoll über dich sprechen zu können, ganz gleich, was andere dazu sagen. Wenn ich von Eigenlob spreche, geht es weder um Größenwahn noch um Hochstapelei. Im Kontext der Selbstfürsorge bedeutet offener Stolz auf dich selbst, dass du alles anerkennst, was in dir nach Anerkennung schreit. Gleichzeitig gestattest du dir das Eingeständnis, wichtig genug zu sein, ob mit oder ohne Grund. Einfach weil es dich gibt.

Je intensiver ich mich mit dem Thema der emotionalen Erschöpfung auseinandersetzte, desto mehr fragte ich mich, wieso wir derart viel Zeit und Energie für Selbstverbesserung aufwenden, ohne je den Punkt zu erreichen, an dem wir uns selbst so richtig mögen. Ist es Frauenschicksal, auf der Suche zu bleiben, ohne je das Ziel zu erreichen und gut genug zu sein? Von solchen kulturellen Prägungen können wir uns nur befreien, indem wir sie wahrnehmen, hinterfragen und bewusst aus ihnen ausbrechen.

Indem du positiv über dich sprichst und zugibst, dass du dich magst, bestärkst du dich in der Überzeugung, dass du wichtig bist. Gleichzeitig demonstrierst du, dass der Wunsch nach offener Anerkennung für Frauen absolut angebracht ist. Je mehr Anerkennung du dir innerlich und äußerlich zollst, desto besser kannst du darauf vertrauen, dass du es wirklich wert bist. Frauen dürfen offen darüber reden, wie wertvoll sie sind. Das ist kein Zeichen für mangelndes oder übersteigertes Selbstbewusstsein. Am besten fängst du noch heute damit an, auch wenn du glaubst, du hättest es noch nicht verdient.

Sei dein eigenes Ziel

In einer meiner Lieblingsgeschichten wittert eine junge Gazelle einen wunderbaren Duft, der ihr so gefällt, dass sie, getrieben von der Sehnsucht, ihn erneut wahrzunehmen, ihr Leben lang danach sucht. Viele Jahre später liegt sie mit dem Pfeil eines Jägers in der Flanke im Sterben, umschlossen von dem Duft, dem sie ewig nachgejagt war, und das Erlebnis ist so berauschend, wie sie es sich immer gewünscht hat. Denn der Duft stammte aus *ihr* selbst. Es war die ganze Zeit *ihr* unverwechselbarer, eigener Duft gewesen.

In unserer Gesellschaft zielt alles darauf ab, unsere Aufmerksamkeit nach außen zu ziehen, von uns weg. Für Informationen, Wissen, Glaubenssätze, Unterhaltung, körperliches Wohl, Verhaltensregeln und alles andere verlassen wir uns auf externe Quellen. Gleichzeitig verkauft man uns die Vorstellung, dass auch das Glück von außen kommt, indem wir uns um Bestätigung, materiellen Besitz, Erfolge und genussvolle Erfahrungen bemühen. Irgendwann glauben wir, dass alles, was erstrebenswert, befriedigend und erfüllend ist, alles, was wir wollen und brauchen, von außen kommt. Wir haben uns so daran gewöhnt, dafür nach außen zu blicken, dass wir vergessen haben, dass wir selbst hier sind und alles Erdenkliche hervorbringen können. Wir vergessen (oder lernen gar nicht erst), dass wir das, was wir brauchen, in uns selbst finden können.

Damit Selbstfürsorge selbstverständlich werden kann, musst du in Betracht ziehen, dass du womöglich unendlich viel mehr weißt, als andere dir (oder du dir selbst) je zugestanden haben.

Und du musst dir eingestehen, dass nur du wissen kannst, was für dich wahr ist. Weil nur du allein es so und nicht anders erlebst. Aus Sicht der Self-Care-Anbieter ist es ein Desaster, wenn du merkst, dass *du* am zuverlässigsten weißt, was gut für dich ist, auch wenn du dir das vielleicht noch nicht vorstellen kannst.

Bitte denk daran, dass die Konditionierung, die dich dazu verleitet, dich selbst zu übergehen und diese Autorität anderen zu übertragen, nicht über Nacht gewachsen ist. Deshalb wirst du dich auch nicht über Nacht als wertvolle Quelle der Weisheit betrachten können. Ehe du einen neuen Weg einschlagen kannst, musst du erkennen, auf welchem Weg du gegenwärtig unterwegs bist. In welcher Form verleugnest du dich selbst und gibst Autorität an andere ab? Für echte Veränderungen musst du bereit sein, deine Konditionierung in Frage zu stellen und neue Verhaltensweisen einzuüben.

An regelmäßigen Sport gewöhnt man sich, indem man regelmäßig Sport treibt. Sich selbst als sicheren Hafen zu betrachten, wird zur Gewohnheit, indem man sich selbst immer wieder zum sicheren Hafen erklärt. Sei bereit, Antworten – und Fragen – in dir selbst zu finden. Sei bereit, Zeit mit dir zu verbringen, dein Erleben neugierig zu registrieren und aktiv für dich zu sorgen – dich zu sorgen um die Frau, die gelernt hat, für alle anderen zu sorgen, nur *nicht* für sich selbst.

Mit etwas Übung wirst du mit der Zeit automatisch zuerst dich selbst befragen. Das geschieht jedoch nicht von selbst, denn es dauert eine Weile, bis du gelernt hast, dir selbst zu vertrauen. Irgendwann fällt dir vermutlich auf, dass du präsenter bist, besser in dir ruhst, als hättest du eine feste *Basis* gefunden, die sich wirklich wie *du* selbst anfühlst. Du wirst ganz von selbst aussprechen, was du wirklich denkst, anstatt etwas zu sagen, was dich sympathisch macht. Dabei wirst du merken, wie sich die Kluft zwischen der Frau, die du bist, und deinen Rollen in der Welt verringert. Dieser Prozess wurde mir schon auf vielerlei Weise geschildert, enthält jedoch immer ein konstantes Element: Das Gefühl, endlich im Zentrum des eigenen Lebens Platz zu nehmen und in sich zu Hause zu sein.

Nimm weiter wahr, was du erlebst. Verbringe Zeit mit dir. Bleibe präsent und darauf fokussiert. Nach einer Weile werden sich die nach außen gerichteten Antennen neu justieren. Deine Aufmerksamkeit wird wie von selbst zu dir zurückkommen, zu deinem Ursprung. Und mit Entschlossenheit und Übung wirst du tatsächlich zu deinem Hafen werden und so wunderbar sein, wie du es dir immer erträumt hast.

* * *

Bisher haben wir uns mit den nötigen inneren Veränderungen befasst, um Selbstfürsorge in unser Leben zu integrieren. Im folgenden Kapitel geht es um das aktive Tun. Wie äußert sich von innen gewachsene Selbstfürsorge im Kontakt zu anderen? Wie macht sie sich in der Welt bemerkbar? Kapitel 9 ist eine Anleitung für gelebte Selbstfürsorge, die du dir nicht nur gelegentlich zugestehst, weil du es *solltest*. In dieser Form ist Selbstfürsorge dein aktives Betriebssystem und integraler Bestandteil von dir selbst, und sie dient nicht mehr dazu, innerhalb eines erschöpfenden Systems dafür zu sorgen, dass du in Sicherheit bist und gemocht wirst.

KAPITEL 9

Ehrlich bleiben

Drei Tage vor Fionas 40. Geburtstag fragte ihr Mann Larry, was sie sich wünsche. Dann erklärte er ihr, dass er außerdem so viel Arbeit gehabt hätte, dass noch keine Zeit zum Suchen gewesen wäre. Er hätte auch herumtelefoniert, aber bisher keinen Tisch in einem Restaurant ergattert. Sie könnten sich also vielleicht etwas Gutes nach Hause bestellen.

Larry hatte Fiona also nach ihren Wünschen gefragt und ihr gleichzeitig mitgeteilt, dass sie das, was sie wollte, wahrscheinlich nicht bekommen würde. Fiona ging sehr gerne aus, doch ihre weibliche Konditionierung hatte sie gelehrt, aus jedweder Situation das Beste zu machen. Der wichtigste Grundsatz lautet: Falle niemandem zur Last, bitte um *nichts*, das anderen Mühe machen könnte.

Mädchen verinnerlichen das schon sehr früh. *Sei ein liebes Kind ... Mach keinen Ärger.* Sich so zu verhalten, wie wir es gelernt haben, hat viele Vorteile. Insbesondere erspart es uns die erwartbare Kritik, falls wir aus der Rolle fallen. Lieb wäre Fiona gewesen, wenn sie in dem Moment, als sie erfuhr, dass Larry für ihren 40. Geburtstag nichts Besonderes plante, auf ihren Mann eingegangen wäre. Sie hätte ihm versichert, dass es ihr überhaupt nichts ausmachte. Als *braves Mädchen* hätte sie dafür gesorgt, dass Larry mit sich zufrieden wäre, unabhängig davon, ob auch Fiona damit zufrieden war.

Fiona schlüpfte übergangslos in die *Braves-Mädchen-kein-Problem*-Rolle. Sie erzählte mir also, wie sie zu ihm sagte: „Danke, dass du dir Gedanken gemacht hast. Ja, natürlich können wir an meinem Geburtstag etwas bestellen. Ich weiß, dass du viel um die Ohren hast, aber wenn du vielleicht doch noch etwas entdeckst, was mir gefallen könne, egal wann, dann schenkst du mir das eben später. Der Zeitpunkt ist ja egal." Dann ergänzte sie: „Und wenn ich meine Rolle absolut perfekt gespielt hätte, hätte ich noch hinzugefügt: ‚Ich weiß das zu schätzen, aber, ehrlich, ich brauche doch gar nichts', nur um die Sache rund zu machen."

Dieses Mal jedoch hatte Fiona den Mut aufgebracht, sie war *nicht* brav, sondern so ehrlich, dass sie selbst darüber gestaunt hatte. Ohne ihre Wünsche kleinzureden und als Anstellerei abzutun (und sich selbst als fordernd, rechthaberisch, undankbar oder was auch immer zu verurteilen) und ohne zum Rundumschlag auszuholen, warum sie eine Würdigung verdient hätte, hatte sie ihm ganz offen gesagt, dass sie sich über ein Geburtstagsgeschenk sehr freuen würde und ganz besonders über eine von ihm geplante Unternehmung. Und sie fügte hinzu: „Das wünsche ich mir zum Geburtstag." Was ebenfalls der Wahrheit entsprach. Was diesen Moment so besonders machte, war seine Schlichtheit – alles, was sie dabei wegließ. Die Wahrheit durfte ungeschminkt und unverblümt für sich sprechen. Fiona verarztete keine Wunden, sondern stand dazu.

Vor einer derartigen Klarheit in Beziehungen schrecken viele Frauen zurück, ganz besonders, wenn wir um etwas bitten müssen, was wir als unbequem, schwierig oder womöglich unverdient einstufen. Wenn unsere Meinung nicht der unseres Gegenübers entspricht, halten wir sie für verletzend, aggressiv und gedankenlos. Das wiederum könnte uns unsere wichtigsten Beziehungen kosten und liebevolle Bande gefährden.

Doch diese Überzeugung ist falsch. Wir können ehrlich sein. Wir können auch Nein sagen – bewusst und freundlich –, und dabei in Verbindung bleiben. Wir haben nur nicht gelernt, dass das geht oder wie das geht. Die Wahrheit zu sagen, ist der Beginn von echter Verbundenheit. Wer sich achtsam darauf einlässt, kann und wird die Liebe damit stärken.

In diesem Fall sprach Fiona ehrlich aus, was sie dachte, ohne es harmoniesüchtig in eine für ihren Partner akzeptable Form zu verpacken und ihm ihre Reaktion zu versüßen. Mit diesem einen mutigen Satz gelang ihr ein Riesenschritt nach vorne, der für sie persönlich sehr wichtig war. Und das wusste sie. Unabhängig von allem, was dann an ihrem Geburtstag geschah, war Fiona stolz auf sich, fühlte sich lebendig und vor allem echt: „Ich habe mir das beste Geburtstagsgeschenk aller Zeiten gemacht – *mich selbst.*“

Widersprechen lernen

Wir könnten Fionas Beispiel folgen und unsere Wünsche und Bedürfnisse ehrlich äußern, ohne uns dafür zu entschuldigen. Damit verlassen wir den Käfig der Harmoniesucht, so trivial diese Bedürfnisse auch erscheinen mögen (wobei alles, was wahr ist, seine Berechtigung hat). Wenn wir Unzufriedenheit ausdrücken und uns gestatten, das, was man uns anbietet, nicht zu akzeptieren, ändern wir unser Selbstbild. Schon die Fähigkeit, als Frau Nein zu sagen, ist ein Meilenstein: *Nein, damit bin ich nicht einverstanden* oder *Nein, das passt mir gar nicht* oder einfach nur *Ich will …*

In diesem Beispiel demonstriert Fiona außerdem, wie wir ausdrücken können, was für uns richtig ist. Damit gestatten wir anderen, darauf so zu reagieren, wie es für *sie* richtig ist.

Wir nehmen unser Erleben an und kommunizieren dementsprechend, geben aber gleichzeitig die Kontrolle über das mögliche Ergebnis und die Reaktion unseres Gegenübers auf. Damit befreien wir uns von der Bürde, für das Erleben aller anderen zuständig zu sein. Wir streifen die Rolle der „Gefühlspolizei" ab und übertragen die Verantwortung jenen Personen, die diese Gefühle haben und selbst dafür verantwortlich sind.

Mit dem aufrichtigen, unmissverständlichen Äußern ihrer Wünsche zeigt uns Fiona, wie wir vermitteln können, dass das, was wir erleben, zählt, dass unsere Wahrheit gilt und dass unseren Bedürfnissen ein Platz am Tisch zusteht. Gleichzeitig verdeutlicht eine solche Reaktion, dass unsere Bedürfnisse kein Extra sind, kein Privileg, das wir als etwas Besonderes *einfordern* müssen.

Larry hatte Fiona indirekt mitgeteilt, dass ihre Gefühle für ihn unpraktisch waren. Obwohl sie ihren Partner damit nicht aus der Zwickmühle entließ, blieb sie ehrlich und achtete auf ihre eigene Wahrnehmung. Sie übernahm keine Verantwortung für seine Gefühle. In *dieser* Form bei sich selbst zu bleiben, grenzt für viele Frauen an eine Revolution.

Es fällt anderen mitunter nicht leicht, wahre Worte anzuhören und anzunehmen. Dennoch können wir zu dieser Wahrheit stehen, *ohne* uns den Schuh anzuziehen, schwierig zu sein, weil wir anderen Unbehagen bereiten. Wir können an unserem *unverfälschten* Ich festhalten, ohne dieses Bild von uns selbst gemäß den Wahrnehmungen und Reaktionen anderer umzuformen. Indem wir die Validität und Würde unserer persönlichen Erfahrung anerkennen und unabhängig von der Unzufriedenheit anderer zu unserer Wahrheit stehen, lehnen wir uns gegen die kulturellen Narrative und Projektionen auf, die uns definieren (darauf gehe ich später noch ein). Wie Fiona es so schön ausdrückte: „Unglaublich, dass die schlichte Aussage, dass ich ein Geschenk möchte, mich so glücklich machen würde und das beste Geburtstagsgeschenk aller Zeiten war!"

Für dich einstehen

Selbstfürsorge bedeutet, konsequent für dich einzustehen. Dafür musst du wieder und wieder mit deiner eigenen Wahrheit Verbindung aufnehmen und ihr treu bleiben, auch wenn das unangenehm sein mag und dir und anderen Angst macht. Und zwar auch dann, wenn du den Eindruck hast, es wäre doch viel einfacher und bequemer, einzulenken und deine Aussage hübsch zu verpacken, um Reibung zu vermeiden.

Höchstwahrscheinlich weißt du längst, wie alles reibungslos laufen kann. Diese Kunst beherrschst du. Dass alles um jeden Preis glatt läuft, kann allerdings dazu führen, dass du dir ungesehen, unecht und unglücklich vorkommst. Echte Selbstfürsorge bedeutet nicht, den Alltag glatt und leicht zu gestalten. Es geht vielmehr darum, dich selbst nicht aus den Augen zu verlieren. Damit beschreitest du einen anstrengenden, oft holprigen Weg abseits deiner Konditionierung, auf dem du dir nicht von der Seite weichst.

„Es war wie ein Rausch", sagte Astrid fasziniert. „Ehrlich gesagt weiß ich gar nicht mehr, wer es gesagt hat, aber ich fühlte mich wie ein neuer Mensch." Und dann erzählte mir diese hochintelligente, bildschöne 51-Jährige, wie sie gerade ein berufliches Angebot ausgeschlagen hatte, das ein Kollege ihr stolz präsentiert hatte. Astrids Einschätzung nach hätte davon nur seine Karriere profitiert, nicht aber ihre eigene. Was sie so beglückte, war nicht die Tatsache, dass sie es abgelehnt hatte, sondern wie ihr dies gelungen war, erzählte sie. „Anstatt ihm zu versichern, wie dankbar ich ihm für diese unglaubliche Chance sei (die es nicht war), bedankte ich mich lediglich dafür, dass er an mich gedacht hatte. Und ich sagte ihm in allem Respekt, dass ich kein Interesse und beruflich andere Pläne hätte. Ich habe mich nicht dafür entschuldigt, dass ich dieses Projekt nicht wollte, und auch nicht erklärt, was mit mir nicht stimmte, dass ich es ablehnte. Ich habe lediglich meine ehrliche Entscheidung klar kommuniziert, ohne etwas *hinzuzufügen*, um ihn ja nicht zu verletzen und nicht bei ihm in Ungnade zu fallen. Ich weiß, wie tragisch das klingt, aber abgesehen von sehr engen Freunden war es das erste Mal in meinem Erwachsenenleben, dass ich offen meine Meinung gesagt habe, ohne darauf zu achten, was andere davon halten."

Das radikal Neue und Berauschende an Astrids Reaktion war, dass sie (wie Fiona) nicht durch all die Reifen sprang, die normalerweise für Frauen bereitstehen. Sie versüßte ihre Reaktion nicht mit all den gezuckerten Lügen, die wir uns normalerweise ausdenken, damit andere sie leichter schlucken. Sie fasste sich kurz, blieb schlicht und direkt und ließ ihre Worte so stehen. Damit entschied sie sich, *nicht* an dem emotionalen Hürdenlauf teilzunehmen, der darin besteht, weder undankbar noch eingebildet zu wirken, um bloß keine Enttäuschung beim anderen hervorzurufen und nebenher noch Wertschätzung zu vermitteln. Und all dies bitte, ohne *durchschimmern* zu lassen, dass auch wir Bedürfnisse haben, dass unsere Eindrücke zählen und dass wir andere Vorstellungen davon haben könnten, was gut für uns ist. Wie Astrid brauchen auch wir nicht alle diese Klippen zu umschiffen, um das zu bekommen, was wir wirklich brauchen.

Mut zur Frage

Hazel arbeitet eigentlich tagsüber, aber donnerstags tritt sie abends in einem Club auf der anderen Seite der Stadt als Sängerin auf. Nach der Arbeit eilt sie dann direkt vom Büro aus zum Club. Das Umziehen und Schminken erledigt sie unterwegs in der Bahn. Die Metro ist allerdings so unzuverlässig, dass sie häufig auf die Bühne muss, ohne sich einsingen zu können, und mitunter auch zu spät kommt. Den körperlichen und mentalen Stress, der mit dieser Doppelbelastung einhergeht, hat sie akzeptiert, und sie erinnert sich häufig daran, was für ein Glück sie hat, das tun zu dürfen, was sie liebt.

Hazel arbeitet seit zehn Jahren für dieselbe Firma, aber ihr kam nie in den Sinn, dort zu fragen, ob sie donnerstags zehn Minuten früher gehen und dafür an einem anderen Tag zehn Minuten länger bleiben könnte. Dass dies nicht zur Sprache kam, liegt an Hazel selbst. Sie sagte mir: „Es ist nicht Aufgabe der Firma, mir Gefälligkeiten zu erweisen." Eine *Sonderregel* zu erbitten, damit sie tun könne, was ihr Spaß machte, würde bedeuten, dass sie sich für etwas Besonderes hielte, besser als andere, die kein derartiges Zugeständnis erhielten. Das käme nicht in Frage, allein die Vorstellung sei peinlich. Zudem würde sie damit den anderen zur Last fallen, weil diese sich nach ihr richten müssten. Auch das war für sie unvorstellbar.

Obendrein jedoch hätte diese kleine Bitte in Hazels Augen offenbart, dass sie *besondere* Rücksichtnahme benötigte, und das wäre ein Zeichen für eine *Schwäche* gewesen. Auch wenn sie die zehn Minuten an einem anderen Tag ausgleichen würde, wären sie ein Hinweis darauf, dass sie nicht die vollkommen eigenständige Frau sei, für die sie sich immer stolz gehalten hatte. Andere um Unterstützung zu bitten, kam ihr nicht nur schwach, sondern geradezu jämmerlich vor. Deshalb hatte Hazel lange Jahre geschwiegen und sich abgestrampelt, um niemanden zu behelligen und sich keine Blöße zu geben.

Dann jedoch geschah etwas Unerwartetes. Hazel bekam mit, dass ein wichtiger Musikproduzent in den Club kommen würde, um ihren Auftritt anzuhören. Das war ihr großer Traum. Verständlicherweise wollte sie angesichts der Chance, entdeckt zu werden, nicht auf die Zuverlässigkeit der öffentlichen Verkehrsmittel vertrauen. Diese einmalige Gelegenheit wollte sie auf keinen Fall verspielen. Ihr heftiger, nicht zu leugnender Wunsch verlieh ihr den Mut, ihre Bitte vorzubringen, ganz gleich, ob man sie deswegen als schwach, hilflos oder eingebildet einstufen würde. Mit Worten, die sie mit Freunden und allein Dutzende Male geübt hatte, teilte sie ihrer Vorgesetzten in aller Selbstverständlichkeit mit, dass sie an diesem speziellen Tag zehn Minuten früher gehen müsse, weil sie etwas vorhätte, zu dem sie absolut pünktlich sein müsse. Die Chefin nickte, stellte keine weiteren Fragen, sondern zog nur neugierig eine Augenbraue hoch. Das war alles.

Es mag überraschend klingen, dass eine erfolgreiche, intelligente Frau es für derart gefährlich hält, um solch eine Kleinigkeit zu bitten. Vielleicht wunderst du dich, dass ich einen ganzen Abschnitt dieses Buches darauf verwende, dich darin zu bestärken, ehrlich zu sein und deine Wünsche zu äußern. Doch vielen starken, klugen, erfolgreichen Frauen fällt es unglaublich schwer, zu sagen, was ihnen wichtig ist, und zu erbitten, was sie brauchen, wenn es ganz allein um sie geht, ganz gleich, wie kompliziert unsere Situation wäre, wenn wir nicht fragen. Lieber machen wir uns selbst das Leben schwer, anstatt eine Bitte zu äußern. Wir können einfach nicht anders – bis wir es dann doch wagen.

Hazel erging es ähnlich wie Fiona und Astrid. Einfach auszusprechen, was sie brauchte, ohne es zu rationalisieren, sich zu entschuldigen oder die Reaktion der Vorgesetzten abfedern zu wollen, war für sie eine Offenbarung. Es änderte nicht nur ihre berufliche Entwicklung (denn sie bekam ein Vollzeitengagement als Sängerin), sondern auch *sie selbst*.

Um es mit Hazels Worten zu sagen: „Es war so befreiend." Sie hatte dabei gelernt, wie es sich anfühlte, aufrichtig für sich einzustehen und dadurch zu *bekommen*, was sie brauchte.

Es darf unbequem sein

Von Kindesbeinen an werden wir darauf konditioniert, zu glauben, dass es unsere Aufgabe ist, andere glücklich zu machen. Wir kennen auch die ambitionierte Form dieser Überzeugung, nämlich, dass es niemandem längere Zeit schlecht gehen sollte. Unbehagen oder Unglücklichsein erscheinen uns inakzeptabel, zumindest für *andere* Menschen. Umgekehrt sind Unbehagen oder Unglück für uns selbst keineswegs inakzeptabel. Wir kommen schon damit klar, wir kämpfen uns durch, wir überleben. Andere hingegen sollen sich keinesfalls unwohl fühlen. Was diese Menschen durchaus aushalten könnten, erscheint uns unerträglich, denn wenn wir zulassen, dass es jemandem nicht gut geht, ohne dies sofort zu regeln, ist das lieblos und selbstsüchtig. Dann haben wir versagt. Als Frauen lassen wir so etwas nicht geschehen.

Wahre Selbstfürsorge erfordert, sich von dieser Konditionierung zu lösen, die sich auf jegliche Unmutsäußerung bezieht. Dazu müssen wir lernen, dass es anderen durchaus auch einmal schlecht gehen kann. Wir müssen nicht alle Welt davor bewahren, sich enttäuscht, missverstanden oder verunsichert zu fühlen (oder was auch immer wir für unerträglich halten). Nicht nur *du* bist in der Lage, unangenehme Gefühle zu tolerieren. Andere können das auch. Das sind ausgezeichnete Neuigkeiten. Du darfst darauf vertrauen, dass nicht nur du Unmut, Unzufriedenheit, Unbequemlichkeit und all die anderen Un-Zustände aushalten kannst. Das bringt niemanden um. Paradoxerweise sorgst du nämlich dann gut für dich, wenn du andere selbst entscheiden lässt, was *sie* brauchen, damit es ihnen gut geht. Nicht nur *du* kannst angesichts von Unannehmlichkeiten lernen, wachsen und dich verändern. Das können die anderen auch – wenn du es ihnen zugestehst.

Auch auf die Gefahr hin, mich zu wiederholen: Dass du nicht so bist, wie jemand anders dich haben möchte, bedeutet nicht, dass du versagt hast oder andere enttäuschst. Unangenehme Gefühle existieren. Das heißt nicht, dass du etwas Schlimmes getan hast oder ein schlechter Mensch bist. Mach dir das bewusst: Wenn du mutig genug bist, ehrlich zu sein, zu sagen, was du denkst, deine Bedürfnisse zuzulassen, und zugleich stark genug bist, auch zuzulassen, dass andere darauf so reagieren, wie es für sie selbst richtig ist, ohne dies zu beeinflussen, dann hast du nicht nur *nicht* versagt, sondern vielmehr auf revolutionäre Weise als Frau triumphiert. Wenn du diese Schritte aktiv umsetzt, kann jeder Tag für dich zum Geburtstag werden, als brächtest du dein Selbst buchstäblich noch einmal zur Welt.

Wie alles, was neu und anders ist, kann diese Ehrlichkeit Angst und Furcht auslösen. Sie ist unbehaglich und unbekannt. Doch je mehr du zu dir selbst stehst – *einschließlich* zu den dabei aufkommenden Ängsten –, desto leichter fällt es dir. Wenn du nicht mehr all deine emotionale Energie darauf verwendest, deine Wahrheit abzumildern und in nette Worte und Gesten zu verpacken, um eine möglichst ungefährliche, glattgebügelte, harmonische Existenz abzusichern, bist du frei, *wirklich* als du selbst zu leben.

Mit der Zeit wird diese Authentizität immer natürlicher und immer weniger erschreckend, darauf gebe ich dir mein Wort. Schon bald wird es sich ganz normal anfühlen, sich nicht mehr zu verbiegen. Es wird mühelos sein, und irgendwann kannst du kaum mehr glauben, dass du dich je darum bemühen musstest. Mit der nötigen Übung wird deine innere Wahrheit untrennbar von deiner Person und deinem Auftreten. Du wirst nicht mehr dauererschöpft sein, sondern voller Energie stecken.

Ehrlichkeit ist das Risiko wert

Wir Frauen haben einen Glaubenssatz verinnerlicht, der grundfalsch ist, dass es nämlich gut für uns ist, wenn wir so werden, wie andere uns haben wollen. Dazu gehört das Management unserer ureigenen Wünsche und Bedürfnisse und die Verleugnung der Anteile in uns, die nicht zur liebenswerten Fassade passen. Die Folgen dieser Verschiebung werden gern übersehen, als irrelevant eingestuft oder gelten als notwendiges Opfer im Tausch gegen Sicherheit und Glück.

Was mit dir geschieht, während du diesen Wandel durchläufst, *ist* allerdings äußerst relevant. Und selbstverständlich kannst du auch ohne dieses Opfer glücklich und sicher leben. Denn ganz konkret verschwindest *du* dabei – in dem Bemühen, die Person zu werden, die erwünscht ist, vernachlässigst du dich selbst. Das ist das Gegenteil von Selbstfürsorge. Nur akzeptiert zu werden, wenn wir nicht wir selbst sind, nur gemocht zu werden, wenn wir dafür uns selbst verraten, kann keiner Frau geben, was sie wirklich braucht.

Gut auf uns aufzupassen, ist etwas ganz anderes als das, was man dir beigebracht hat. Ernsthafte Selbstfürsorge bedeutet nicht, dass wir endlich herausfinden, wie wir unseren Rollen gerecht werden. Ich sage es zur Sicherheit gleich noch einmal: Ernsthafte Selbstfürsorge bedeutet nicht, dass wir endlich herausfinden, wie wir unseren Rollen gerecht werden. Vielmehr geht es darum, herauszufinden, wer du bist, und den Mut aufzubringen, deiner Erfahrung und deinem Wissen zu vertrauen. Selbstfürsorge findet statt, sobald es nicht mehr darum geht, gemocht zu werden, sondern darum, die Wahrheit zu sagen. Auch wenn das nicht immer jedem gefallen mag. Das macht nichts. Wer in der eigenen Wahrheit verankert ist, steht immer auf der eigenen Seite, und das ist mehr wert als alle Liebenswürdigkeit, zu der du jemals fähig wärst.

Du hast jeden Tag die Chance, ehrlich zu sein und zu sagen, was du brauchst. Manchmal geht es dabei um Kleinigkeiten, manchmal um elementar Wichtiges. Entscheidend ist, dass du diese Chancen registrierst und ergreifst. Fang mit trivialen Dingen an. Bitte um etwas mehr Milch für den Kaffee, als man dir eingeschenkt hat. Sag *Nein* zu einer Verabredung, die dir nicht passt. Und dann arbeitest du dich langsam hoch, zum Beispiel zu emotionalen Ansprüchen in der Partnerschaft, an Freunde oder andere Personen.

Jede Wahrheit, die du ehrlich aussprichst, ist ein wichtiger Schritt zur Wiedereroberung deiner Authentizität und festigt die Verbindung zu dir selbst. Jedes Mal, wenn du sagst, wie es ist, wenn du aus der Komfortzone heraustrittst, Aufrichtigkeit riskierst und dich so zeigst, wie du bist, tankst du emotional auf und stärkst dich selbst. Das gilt unabhängig vom konkreten

Anlass. Sobald du in erster Linie deiner Wahrheit treu bleibst und fest vorhast, dich nicht mehr zu verleugnen, beginnt ein Leben voller Selbstfürsorge, und deine Erschöpfung heilt von innen heraus.

KAPITEL 10

Das eigene Drehbuch schreiben

Als ich Gwen kennenlernte, arbeitete sie als Comedienne. Sie war noch nicht berühmt, schien aber auf einem guten Weg zu sein. Als Künstlerin trieb sie sich gnadenlos an und konnte noch so müde sein – sie stand stets pünktlich auf der Bühne und schlug kein verlockendes Angebot aus. Schließlich konnte genau *dieser* nächste Auftritt den entscheidenden Karriereschub bringen. Wenn Gwen nicht gerade probte, ihr Netzwerk ausbaute oder trainierte (um jederzeit gut auszusehen vor der Kamera), schrieb sie neues Material, drehte Videos und bewarb sich um Engagements. Nebenher arbeitete sie als Kellnerin oder Barkeeperin, um ihr winziges Apartment in einer eher zwielichtigen Gegend finanzieren zu können.

Auch mit sich selbst ging sie hart ins Gericht. In ihren Augen würde sie es nie nach ganz oben schaffen, wenn sie nicht jede Chance ergriff und alles bewältigte, was sie tun *sollte,* ganz gleich, wie schwer es ihr fiel. Wenn sie einmal nicht bereit war, absolut alles zu geben, machte sie sich Vorwürfe. Leider war diese Lebensweise unter der Herrschaft des *Sollte* und eines unbarmherzigen inneren Kritikers sehr anstrengend und mit viel Schmerz verbunden.

Nachdem sich Gwen zehn Jahre gnadenlos angetrieben hatte, trat sie in Bezug auf ihre Karriere nach wie vor auf der Stelle. Nur ihre Erschöpfung und Unzufriedenheit waren schlimmer denn je. Zehn Jahre lang hatte sie niemals Nein gesagt. *Jetzt* war sie müde, zutiefst enttäuscht und kurz davor, verbittert zu werden. Sie hatte sich immer eingeredet, ihre Zeit würde schon noch kommen, doch inzwischen glaubte sie kaum noch ernsthaft daran. Insbesondere aber hatte sie das Leben satt, das sie führte – ihr tatsächliches Leben, nicht jenes Leben, das eines Tages kommen würde, wenn sie berühmt wäre.

Es kostete Gwen große Mühe und viele Tränen, sich einzugestehen, dass sie so nicht weitermachen wollte. Sie wollte ein Leben, das ihr Freude machte, und zwar jetzt. Das tatsächlich erlebte Leid war endlich ein Faktor geworden, der zählte, und so hängte Gwen ihren Traum vom Leben als Comedienne an den Nagel und schrieb sich für ein Aufbaustudium ein.

Die Veränderung war fast augenblicklich zu spüren. Zum ersten Mal seit langer Zeit war sie mit sich im Reinen. Sie „strebte nicht mehr verzweifelt danach, woanders hinzukommen und jemand Wichtigeres zu werden“, wie sie es ausdrückte. Dabei stellte sie sogar fest, dass es ihr Spaß machte, zu Hause herumzuwursteln, was sie sich in ihrem früheren Leben nie zugestanden hätte, und sie war stolz auf die hart erkämpfte Fähigkeit, nichts tun zu müssen. Es hatte sie viel Mut gekostet, aus dem Hamsterrad des endlosen Bemühens auszusteigen.

Da begegnete sie Brendon. Ihr neuer Freund war groß, gutaussehend und führte ein Leben auf der Überholspur. Als talentierter, erfolgreicher Unternehmer war er ehrgeizig und nutzte (wie die alte Gwen) jede Gelegenheit, an Veranstaltungen teilzunehmen, Kontakte zu knüpfen oder sich für das nächste gute Geschäft ins Zeug zu legen. Sie erkannte: „Brendon jagt immer etwas Größerem und Besseren nach, und normalerweise bekommt er es auch. Er ist die Siegerversion meines alten Selbst."

Bald sprach Gwen davon, wieder Comedy zu machen. Ihr aktuelles Leben kam ihr langweilig vor, und sie betrachtete sich als Versagerin. Das Studium, das sie noch vor wenigen Wochen fasziniert hatte, war mit einem Mal sinnlos, das angenehme Leben, das sie sich so mutig erobert hatte und auf das sie so stolz gewesen war, war jetzt nur noch schaler Durchschnitt. Auch *sich selbst* erlebte sie als lediglich durchschnittlich und unzureichend.

Gwen hatte aus den Augen verloren, was ihr Leben ihr bedeutete. Inzwischen sah und erlebte sie es von der Warte ihres Freundes aus (oder wie er es ihrer Meinung nach sehen musste). Auf einmal wurde ihr Selbstbild davon definiert, was Brendon über sie dachte. All der Respekt, den Gwen zwischenzeitlich für ihren ganz persönlichen Lebensweg gezeigt hatte, war verpufft. Was blieb, waren Urteile, mit denen ihr erfolgsversessener Partner sie belegen könnte (falls sie nicht sogar dafür zu fade und langweilig wäre).

Solche Perspektivwechsel tun wir uns an, ohne überhaupt zu wissen, dass wir es tun. Wir ignorieren oder verwerfen unsere eigene Wahrheit, die Bedeutung, die unsere Lebensreise für *uns* hat, und ersetzen sie durch die Geschichten anderer und deren Einschätzung.

Wenn du diese gewohnheitsmäßige Selbstverleugnung durchbrechen willst, musst du diesen Vorgang zunächst einmal wahrnehmen. Und du musst registrieren, mit welcher Bereitwilligkeit du das eigene Wissen vom Tisch fegst, um dein Leben und dessen Wert über den Blick von Außenstehenden definieren zu lassen. Du musst auch die Gewohnheit erkennen, dir die Bedeutung deiner Lebensreise von anderen Menschen und deren Werten vorschreiben zu lassen. Sobald du dich dabei ertappst und merkst, wie sehr du darunter leidest, kannst du damit *aufhören*.

Eine Rolle in einem fremden Drehbuch

Sechs Jahre lang hatte Naomi in einer Ehe ausgeharrt, in der Intimität aus ein paar routinemäßigen Küssen, anschließendem Geschlechtsverkehr und dann Schlaf bestand. Im Alltag gab es kein Händchenhalten, keine Umarmungen mehr, es war „saft- und kraftlos", wie sie es nannte. Naomi hatte davor schon mehrere Beziehungen gehabt. Sie liebte es, lange im Bett zu liegen, zu reden, zu kichern und zu kuscheln. Berührung, Verbundenheit und körperliche Intimität waren ihr ein echtes Bedürfnis. Aus komplizierten Beweggründen (unter anderem religiösen) hatte sie jedoch einen Mann geheiratet, der zwar für materielle Sicherheit sorgte, aber wenig Interesse an der körperlichen Seite der Liebe hatte und irgendwie davor zurückzuscheuen schien. Ihre Ehe hatte viele gute Seiten, doch Naomi fühlte sich einsam und unbefriedigt, weil ein wichtiger Aspekt von ihr brachlag.

Schließlich kam der Moment, an dem sie keine andere Wahl mehr hatte. Keinen Tag, keine Stunde, keine Minute länger konnte sie so tun, als wäre dieser Zustand für sie akzeptabel. Über Jahre hatte sie erfolglos versucht, ihre Bedürfnisse herunterzuschlucken und vor sich selbst davonzulaufen (tatsächlich war sie Marathonläuferin). Diesmal wurde sie deutlich und teilte ihrem Mann mit, dass sie sich einsam fühlte und sich nach Zuwendung und Nähe sehnte. Sie offenbarte ihm ihren Hunger nach mehr Berührungen, Körperkontakt und Intimität, den die Ehe nicht stillte.

Die Reaktion ihres Mannes fiel anders aus als erhofft: Wenn sie mit ihm so unglücklich und unzufrieden sei, solle sie sich einen anderen Mann suchen. Es hätte keinen Sinn, sich mehr Mühe zu geben, denn als Ehemann sei er ja offenkundig eine große Enttäuschung für sie. Dabei hätte sie doch wissen müssen, wen sie heiratete. Er sei nie auf viel Körperlichkeit aus gewesen, wie käme sie also auf den Gedanken, dass er sich jetzt – ausgerechnet für sie – ändern würde? Und zu guter Letzt: Vielleicht hätte *er* mehr Lust, sie zu küssen, wenn es im Haus ordentlicher wäre. Denn das wäre das, was *er* dringend bräuchte.

Naomi schien exakt zwei Optionen zu haben: Entweder akzeptierte sie ihren Mann und ihre Ehe so, wie sie waren, nahm hin, dass ihre Gefühle zu gefährlich waren, um sie zur Kenntnis zu nehmen, und lebte ohne die vermisste Intimität weiter. Oder sie verließ ihren Mann. Dann allerdings würde sie mit drei kleinen Kindern und ohne eigenes Einkommen dastehen, wozu sie aus diversen Gründen nicht bereit war.

Also brach sie sich selbst das Herz und wandte sich den Rücken zu, um ihre Wünsche auszublenden. Bald war sie davon überzeugt, dass sie (wie sie es sagte) „eine Superzicke“ sei, ein undankbares Biest, das von ihrem wunderbaren, großzügigen Mann viel zu viel verlangte. Sie betrachtete sich als schlechten Menschen, weil sie etwas brauchte, was ihr Mann ihr nicht geben konnte, und er sich deshalb schlecht fühlte. Sie hatte ihn abgewiesen und ließ ihn leiden, wozu sie kein Recht hatte. Deshalb stufte sie ihre Bedürfnisse nun als unfair, übertrieben und unwichtig ein.

Naomis Reaktion dürfte vielen Frauen bekannt vorkommen: Sie stieg auf das Drehbuch ihres Mannes ein und schlüpfte in die Rolle der Täterin, um ihm die Opferrolle zu überlassen. Wenn wir uns darauf einlassen, übernehmen wir die Verantwortung (und die Schuld) für Empfindungen und Bedürfnisse, die uns angeblich nicht zustehen. Als Täterinnen sind wir aber nicht nur für unsere unangemessene Erfahrung verantwortlich, sondern auch für die Erfahrungen, die wir anderen aufzwingen. Durch unsere Ehrlichkeit machen wir unsere Mitmenschen zu Opfern. Die Lösung besteht darin, dass wir uns schuldig fühlen und alles wiedergutmachen. Wir vergessen die unangenehme Erfahrung, bemühen uns nicht mehr um das, was wir brauchen, sondern sorgen brav für Harmonie und begnügen uns mit akzeptablen Erlebnissen.

Wenn du diese Denkweise kennst, könnte deine emotionale Erschöpfung darauf beruhen, dass du dich so definierst, wie andere dich definieren. Wer auch immer du in deren Erzählung bist – du schluckst es. So wie die anderen dich erleben, erlebst du dich auch selbst. Deshalb brauchst du deine Energie, um die Erfahrungen, die andere mit dir machen, durch Selbstbeherrschung und Verhaltenskorrekturen positiv zu gestalten. Nur dann kannst du dich mögen. Wenn du die eigene Identität jedoch vom Erleben anderer ableitest und zulässt, dass *deren* Drehbuch deine persönliche Realität bestimmt, steuerst du das Leben nicht mehr selbst. Damit verlierst du deine Mitte und löst dich von deiner Wahrheit. Wie solltest du dich dabei nicht leer fühlen?

Radikal autonom

Frauen verstehen sich meisterlich darauf, zu erkennen und zu steuern, was andere erleben. Wir lernen aber nicht, dies auch bei uns selbst zu erkennen. Schon die Vorstellung, dass wir gerade eine eigene Erfahrung machen, ganz unabhängig davon, was dies für andere bedeuten mag, ist radikal.

Unter Umständen hast du – wie viele Frauen – nie eine eigenständige Beziehung zu dir selbst aufgebaut. Dann ist genau das jetzt erforderlich: Betrachte dich selbst als jemanden, den du kennenlernst und auf einer tiefen Ebene verstehen möchtest. Schenke deinem inneren Erleben volle Aufmerksamkeit, und zwar auf die liebevolle, nicht wertende und beständige Weise wie du das bei einer Person tun würdest, die dir sehr am Herzen liegt. Begib dich auf eine Entdeckungsreise: Was stimmt für dich, aus deiner Sicht, in deinem Herzen, wenn du die Gefühle, Projektionen und Urteile anderer ausblendest. Vergiss nicht, dass du die Einzige bist, die definiert, warum du etwas tust, was dir wichtig ist, was für dich die Wahrheit ist und natürlich wer du bist. Fang jetzt an. Übernimm die Hauptrolle in deiner eigenen Geschichte.

Je mehr du deine eigene Wahrheit anerkennst und würdigst, desto weniger bist du auf das Einverständnis oder das Lob anderer angewiesen. Es wird dir immer wichtiger werden, dass du selbst damit zufrieden bist, und umgekehrt wirst du dich seltener genötigt fühlen, einer Rolle zu entsprechen, die andere von dir erwarten. Entscheidend ist die Erkenntnis, wie absurd (und tragisch) es ist, das eigene Selbstbild anderen zu überlassen und zu versuchen, von ihnen die Erlaubnis für dein wahres Ich zu bekommen. Mit diesem Schlüssel wird das Bedürfnis, andere zufriedenzustellen, in das Bedürfnis übergehen, dich selbst zufriedenzustellen.

Du hast es zwar anders gelernt, doch Selbstfürsorge bedeutet eben nicht automatisch, dass nun andere leiden. Die Vorstellung, dass man sich nur entweder um sich oder um andere kümmern kann und dass sich beides gegenseitig ausschließt, ist Teil der Konditionierung, die uns die eigenen Bedürfnisse immerzu hintenanstellen lässt. Mit etwas Übung wirst du feststellen, dass du deine eigene Erfahrung anerkennen und würdigen kannst und gleichzeitig in der Lage bist, die Erfahrung eines anderen einfühlsam nachzuvollziehen – ohne dass das eine oder das andere nicht zählt oder gar falsch wäre. Beide Wahrheiten können nebeneinander existieren, auch wenn sie sich radikal unterscheiden oder im Konflikt miteinander stehen. Dein Herz ist groß genug, um alle Aspekte zu beherbergen.

Wenn du dein Leben verändern und aus dem Hamsterrad der emotionalen Erschöpfung aussteigen willst, brauchst du die Bereitschaft, einen unbekannten, vielleicht auch unbequemen Weg einzuschlagen. Diesen Weg musst du beschreiten, auch wenn er dir Angst macht und du nicht weißt, wohin er dich führt. Wer sich auf diesen neuen Weg begibt und sich treu bleibt, verweigert sich aktiv der kulturellen Konditionierung, die uns Frauen prägt. Ich verspreche dir: Wenn du auf diese neue Weise mit der Welt in Kontakt trittst und ganz bei dir bleibst, werden Unbehagen, Zweifel und Furcht dahinschmelzen und stattdessen neue Klarheit und Kraft, neue Vitalität und letztlich *dein* neues Ich aufblühen.

Wenn wir wissen, wie wir mit uns selbst in Verbindung bleiben, auch in Gesellschaft von anderen, wenn wir zu uns stehen, ganz gleich, wie andere darauf reagieren, wie sie uns beurteilen oder umdeuten, dann können wir die Glaubenssätze und Verhaltensweisen loslassen, die uns so sehr auslaugen. Sobald wir in der Lage sind, die Programmierung zu löschen, die uns von uns selbst und unserer Weisheit entfremdet, finden wir den Gesundbrunnen in uns selbst.

Die wichtigste Kraftquelle tragen wir Frauen nämlich schon immer in uns. Das sind, sage und schreibe, wir selbst.

KAPITEL 11

Energie durch konsequente Authentizität

Dieses Buch begann mit einer Frage: Warum sind so viele Frauen emotional ausgelaugt? Daraus folgt die nächste Frage: *Wie* können wir neue Kraft tanken und dafür sorgen, dass wir bekommen, was wir wirklich brauchen?

Gesellschaft, Familie, Schule, Medien und alle deine Erfahrungen haben dich einem mächtigen Konditionierungsprozess unterzogen. Du hast gründlich gelernt, wie du dich zu benehmen hast und wie nicht. Gleichzeitig hast du gelernt, deine eigenen Bedürfnisse anzupassen, zu sanktionieren und abzulehnen. Erfüllung, Antworten auf deine tiefsten Fragen und vor allem, wie du über dich selbst zu denken hast, sollst du im Außen finden, und all dies dient angeblich deiner Sicherheit und Zugehörigkeit.

Wahrscheinlich warst du mit sehr realen Drohungen und Konsequenzen konfrontiert, wenn du dein wahres Ich gezeigt und deine echten Bedürfnisse geäußert hast. Urteile, Kritik und Zurückweisung fühlen sich bedrohlich an. Wie die meisten Frauen hängst vermutlich auch du dem Glauben an, dass dein Glück vor allem darin besteht, dass andere dich sympathisch finden. Infolgedessen gehst du vielleicht davon aus, dass du dir den größten Gefallen tust, indem du herausfindest, wie das geht – sympathisch sein. Aber das stimmt nicht! Denn genau diese Überzeugung hält dich mehr als jede andere im Zaum und sorgt dafür, dass du dich erschöpft fühlst.

Käufliche Wellnesspakete sind unzureichend und können das, was uns quält, nicht ernsthaft heilen. Wir bleiben abhängig von äußeren Quellen, die ein inneres Verlangen stillen sollen, voller Selbstzweifel und ständig auf der Jagd nach etwas, das uns angeblich das schenkt, was wir brauchen, und uns zu besseren Frauen macht. Aber Self-Care dieser Art geht nicht tief genug, nicht weit genug. Sie dringt nicht bis ins Mark und spricht die wahren emotionalen und spirituellen Nöte, die uns so sehr erschöpfen, nicht an. Kommerzielle Self-Care kann noch so gut riechen, schmecken oder sich anfühlen, sie ändert nichts daran, dass wir uns selbst im Stich lassen, um den Wünschen anderer zu entsprechen.

Sanfte Beleuchtung, Kaschmir-Slipper oder Duftöle bringen uns nicht dazu, uns selbst Priorität einzuräumen. Sie vermitteln uns nicht, dass wir zählen. Nichts davon verbindet uns mit unserer Wahrheit und sorgt dafür, dass wir konsequent unserer inneren Weisheit vertrauen und sie ernst nehmen. Wir versuchen, einen inneren Durst über Äußerlichkeiten zu lindern, und wundern uns, warum das nicht funktioniert und wir trotz so viel pflichtbewusster Self-Care immer noch unerfüllt und ausgelaugt sind.

All die Wellnessangebote, die uns neue Kraft schenken sollen, erzeugen den Wunsch, sie zu wiederholen. So bleiben wir im Hamsterrad gefangen, rennen weiter, strampeln uns ab und geben uns selbst die Schuld dafür. Die Blaupause ist so gestrickt, dass wir uns ständig verbessern sollen, aber nie gut genug sind. Nie halten wir inne, um uns darüber klar zu werden, dass wir – wie die sterbende Gazelle – vielleicht schon jetzt das Ziel sind, dem wir nachhetzen, und zugleich die

Quelle, aus der wir schöpfen können. Uns etwas Gutes zu gönnen, ist wichtig. Es ohne Schuldgefühle zu tun, ist noch wichtiger. Aber wir dürfen unsere tiefsten Bedürfnisse keinem Wirtschaftszweig anvertrauen (und auch keiner anderen Instanz oder Person übertragen).

Selbsthilfestrategien liefern in der Regel die Anweisungen für ein selbstbewussteres Auftreten. Wir lernen, für uns einzustehen, nicht immer *Ja* zu sagen, sondern auch *Nein*, aufrichtig zu kommunizieren, was wir brauchen, und das Beste aus uns herauszuholen. All dies funktioniert aber erst dann effektiv, wenn wir zuvor unsere eigene Wahrheit zur Kenntnis nehmen, respektieren und würdigen. Unsere Erschöpfung kann erst gelindert werden, wenn wir uns darauf einlassen, *allen* Anteilen unseres Selbst mit Empathie und Achtung zu begegnen. Hinzu kommt, dass sich unsere volle Vitalität erst dann entfalten kann, wenn wir uns selbst vertrauen. Bevor wir jemanden anderen davon überzeugen können, dass unsere Erfahrungen zählen, müssen *wir selbst* daran glauben. Wir müssen auf unserer Seite stehen, in dem Bewusstsein, dass wir es wert sind, unsere Bedürfnisse erfüllt zu bekommen. Wir sind es wert. Punkt. Nur so können wir dieses Wissen auch leben.

Um neue Kraft zu tanken, müssen wir die tief in uns verwurzelte Konditionierung umprogrammieren. Das geschieht, indem wir sie uns zuallererst bewusstmachen. Und dann schreiten wir zur Tat, indem wir den Mut aufbringen, unsere Wahrheit auszusprechen und entsprechend zu handeln, selbst wenn wir dann möglicherweise nicht so sind, wie andere uns gerne hätten. Dieser Prozess erfordert innere Überzeugung, Geduld, eine Riesenportion Mut und die Liebe zu einem Selbst, das bisher nicht frei oder vollständig zum Ausdruck kommen durfte.

Die harte Wahrheit lautet: Wenn du herausfinden willst, wer du jenseits all deiner Rollen bist, wenn du authentisch leben willst, wenn du an deine wahre Kraftquelle andocken willst – dann musst du ohne allgemeine Zustimmung und Bewunderung auskommen. Und trotzdem ist es die Mühe wert. Du kannst *nicht* konsequent zu dir stehen und gleichzeitig die anderen immer auf deiner Seite wissen. Die Realität funktioniert so nicht. Du musst bereit sein, deine Wahrheit und dich selbst zu wählen, und darauf vertrauen, dass deine Rückendeckung, der Selbstrespekt und deine Zustimmung das sind, was du brauchst.

Ich hoffe, dass du dieses Buch nicht nur mit wachem Verstand gelesen, sondern mit jeder Faser deines Wesens in dich aufgesogen hast, auch emotional und spirituell. Ich hoffe auch, dass du nun weißt, dass Selbstfürsorge deine buchstäbliche *Kernaufgabe* ist, die von innen nach außen wirkt. Diese Art der Selbstfürsorge kann man nicht kaufen. Es geht um eine veränderte Grundhaltung in der Beziehung zu dir selbst. Wenn du deiner eigenen Wahrheit Empathie, Unterstützung und tiefen Respekt entgegenbringst, ist das grundlegende Selbsterhaltung. Diese Quelle füllt sich von allein.

Wenn dein Wohl dich mehr interessiert als die Frage, was andere von dir halten, wird ein neues Leben möglich, notwendig, ja, unvermeidlich, denn an diesem Punkt ist es bereits im Gange.

Selbstfürsorge, die in der eigenen Wahrheit gründet – die du respektierst und für die du einstehst –, wird so zu einem Teil deines *Wesens*, nicht lediglich zu etwas, das du *tust*. Das Ich, das sich um dich kümmert, ist endlich identisch mit dem Ich, um das *du* dich kümmerst. An diesem Punkt kannst du den Satz „Ich bin nett zu mir“ von deiner To-do-Liste streichen. Diese

Anweisung ist überflüssig geworden, weil du deine Bedürfnisse nicht mehr vernachlässigen oder leugnen kannst. Selbstfürsorge ist dann selbstverständlich und nicht mehr verhandelbar. Und obendrein brauchst du weder Experten noch Zettelchen, um dich daran zu erinnern.

Die gute Nachricht lautet: Du musst nicht mit der Konditionierung und den falschen Glaubenssätzen leben, mit denen du indoktriniert wurdest. Du kannst dich von dem System lösen, das dich überzeugen will, dass deine Erfahrungen und Bedürfnisse (um nicht zu sagen, du selbst) das Problem sind. Du brauchst dich auch nicht als „eine von denen“ zu betrachten, die nicht gut genug und reparaturbedürftig sind und sowieso an allem die Schuld tragen. Damit kannst du auch die Suche nach etwas oder jemandem *da draußen* aufgeben, das oder der dich besser machen kann. Es ist zwar ein Kernelement von allem, worauf Frauen konditioniert wurden, aber du musst nicht so sein, wie andere dich haben wollen, um zu bekommen, was du brauchst, und um glücklich zu sein. Dieses Leben darf vorüber sein.

Bewusstsein ist Freiheit. Ein Muster, das du erkennst, das kannst du auch ändern. Du kannst eine andere Seinsweise erschaffen, eine andere Realität – einen eigenen Lebenswurf, nicht ein Leben, das dir einen Entwurf zuweist. Mit der Weigerung, an derart archaischen, einschränkenden Glaubenssätzen festzuhalten, erarbeitest du dir aktiv ein neues Paradigma der Selbstfürsorge.

Emotionale Erschöpfung muss kein Teil deiner Geschichte sein. Sie ist kein notwendiges Element und keine automatische Folge unserer weiblichen Natur. Mit einer selbstfürsorglichen Grundhaltung werden deine Bedürfnisse auf eine Weise erfüllt werden, die du dir nie hättest träumen lassen. Du wirst ein Leben führen, in dem es um mehr geht als um die Rollen, die du spielst, um Sympathien oder um „Sicherheit". Niemand verrät es dir, doch der Käfig der Harmoniesucht lässt sich nur von *innen* öffnen. Es gibt ein Leben jenseits der goldenen Gitterstäbe, das realer, dynamischer, freier und erfüllender als alles ist, was du eingesperrt je ausleben könntest. Die scheinbare *Sicherheit* des Käfigs, innerhalb dessen Begrenzung du gemocht wirst, wird sich in eine neue Sicherheit verwandeln, die daraus erwächst, dass du so lebst, wie es dir entspricht. Wahrhaftigkeit ist eine bessere Form der Selbstfürsorge, viel sicherer als die Hoffnung, gemocht zu werden.

Es gibt keinen besseren Zeitpunkt als jetzt, um die Wahrheit zu sagen, auf deine eigene Weisheit zuzugreifen und zu dir zu stehen. Und dann bleibst du dabei – die Wahrheit sagen, auf deine Weisheit zugreifen und zu dir stehen, *immer wieder*, ein Leben lang, Tag für Tag. Solange *du* fest an deiner Seite stehst, besitzt du den Schlüssel zu einer unendlichen Quelle der Erfüllung und Vitalität – zu *dir selbst*. Willkommen zu Hause!

Danksagung

Zuallererst danke ich Elizabeth Hollis Hansen, du hast meine erste vage Idee zu diesem Buch verstanden und mich bei der Umsetzung unterstützt. Und ich danke Jennifer Holder, für deinen gut durchdachten Input. Meinen geschätzten Mitreisenden Bronwen Davis, Melissa McCool, Karen Greenberg, Anne Jablonski, Lisa Patrick, Jonathan Sachs and Amy Belkin, euch danke ich für eure Unterstützung und eure Freundschaft. Großer Dank gebührt Steve Wishnia für deine unerschütterliche Freundlichkeit. Jan Bronson, danke für alles! Frederic, dir danke ich für dein schallendes Gelächter und den klugen Rat (den ich, wie du weißt, nicht immer beherzige). Ich bin froh, dich an meiner Seite zu wissen. Ich danke meinen Töchtern, Juliet und Gretchen – meine Herzenskinder, ich hoffe, ihr werdet Vorreiterinnen für eine neue Frauengeneration, die den Mut hat, ehrlich zu sein und weit mehr zu werden als lediglich liebenswert. Meiner Mutter, Diane Shainberg, danke ich, du bringst so kraftvolle Vitalität mit und weist mir den Weg zum Mysterium. Und ich möchte meinen Klientinnen danken, ihr lehrt mich jeden Tag so viel und berührt immer wieder mein Herz.

Zum Weiterlesen

1. „Stress by Gender“, American Psychological Association, 2010, *https://www.apa.org/news/press/releases/stress/2010/gender-stress*

2. „Self-Care Is the Most Searched Googled Query Right Now“, Times of India, May 13, 2020, *https://timesofindia.indiatimes.com/life-style/health-fitness/de-stress/self-care-is-the-most-searched-google-query-right-now/articleshow/75709693.cms*

3. Michel Foucault: *Ethics,* Internet Encyclopedia of Philosophy, *https://iep.utm.edu/fouc-eth/#H4*

4. Aisha Harris: *A History of Self-Care,* Slate, April 5, 2017, *http://www.slate.com/articles/arts/culturebox/2017/04/the_history_of_self_care.html*

5. Ebd.

Stimmen zum Buch

„Die *Self-Care-Lüge* lädt Frauen ein, die innere Arbeit der Selbstfürsorge von einer neuen Warte aus zu betrachten: Als Weg zur absoluten Präsenz. Mit Weisheit und Inspiration erinnert uns Colier daran, dass Kreativität, Vitalität, Intelligenz und Mitgefühl stets zum Greifen nah sind und unserem wahren Wesen Ausdruck verleihen."

Tara Brach, Autorin von *Lass den Goldenen Buddha in dir strahlen* und *Mit dem Herzen eines Buddha*

„Lassen Sie sich vom Umfang dieses schmalen Büchleins nicht irreführen. Auf wenigen, aber gehaltvollen Seiten schöpft Nancy Colier aus ihren Erkenntnissen als Psychotherapeutin, um Ihre Komfortzone gründlich durchzurütteln und der Erschöpfung auf den Grund zu gehen. Dabei lernen Sie, wie Sie endlich die Rolle des ‚braven Mädchens' hinter sich lassen, stolz Ihre eigenen Bedürfnisse anerkennen und Ihrem wahren Selbst nachspüren, um die erforderlichen Heilungsprozesse anzustoßen."

Lesley Jane Seymour, Gründerin von *www.coveyclub.com* und des Podcasts *Reinvent Yourself with Lesley Jane Seymour*, frühere Chefredakteurin bei *Marie Claire* und *More*

„Die erste Frage in *Die Self-Care-Lüge* lautet: ‚Wer kümmert sich um dich?' Damit entführt uns Nancy Colier auf eine Reise zur Selbstfindung. Wenn wir in uns gehen, unsere Gefühle zulassen und vor allem für uns selbst eintreten, können wir unser wahres, aufrichtiges Leben entdecken. Dieses Buch ist ein wahrer Genuss!"

Sharon Salzberg, Autorin von *Metta-Meditation* und *Entdecke die Kraft der Meditation*

„Es gibt keine Frau auf dieser Welt, die diese Inhalte nicht nachvollziehen kann, die nicht zustimmend nickt und es sich anders wünschen würde. Nancy Colier ist Therapeutin und spirituelle Mentorin, und ihr neuestes Buch *Die Self-Care-Lüge* ist Balsam auf der Seele der ausgelaugten, überarbeiteten modernen Frau, die im Dauerstress von Rennerei und Überbrückungslösungen festhängt. Jenseits von Schaumbädern und grünen Smoothies vermittelt Colier echte Weisheit, Einsichten und strategische Vorgehensweisen, mit denen ausgelaugte Frauen ihre körperliche, geistige und seelische Vitalität zurückgewinnen können. Sie lädt dazu ein, auszuatmen und sich auf heilsame, nachhaltige Weise mit unserem wahren Selbst zu verbinden. Lassen Sie sich von ihr an die Hand nehmen."

Kristen Noel, Chefredakteurin des *Best Self Magazine*

„Dieses Buch wird Ihre Lebenshaltung verändern! Wenn Sie erschöpft sind, weil Sie sich um die Bedürfnisse aller anderen kümmern, ausgelaugt sind von dem Gefühl, ständig nett sein zu müssen, oder wenn Sie die Verbindung zu Ihren wahren Wünschen und Bedürfnissen verloren haben: Auf einfühlsame, kluge und humorvolle Art verhilft uns Nancy Colier dazu, unsere ureigene Perspektive einzunehmen, von innen heraus auf uns selbst zu achten und ein authentisches, ehrlicheres Leben zu führen."

Agapi Stassinopoulos, Autorin von *Speaking with Spirit*

„Nancy Colier wendet sich an alle Frauen, an jede einzelne von uns, die nicht das nötige Rüstzeug erhielten, aber dennoch die Botschaft verinnerlicht haben, dass wir erst dann genug getan haben, wenn wir anschließend erschöpft zusammenbrechen. Dieses Buch ändert die Spielregeln, nicht nur für mich, sondern auch für kommende Generationen. Es erinnert daran, dass wir uns Ruhe, Liebe und Selbstfürsorge nicht verdienen müssen. Es erinnert daran, dass ich nicht meine Produktivität bin."

Tabitha Mpamira, Gründerin von *Mutera Global Healing*, einer Initiative gegen sexuelle Gewalt

„Ein echter Ansporn. Colier lädt uns ein, absolut präsent zu sein, unseren tiefsten Kern zu pflegen und das Streben nach Harmonie und Gemochtwerden gegen Ehrlichkeit einzutauschen, die höchste Ausdrucksform von Selbstfürsorge."

Daniela Ligiero, Geschäftsführerin von *Together for Girls* und Mitgründerin bei *Brave Movement*

Zusatzmaterial für Leserinnen

Die folgenden Arbeitsmaterialien helfen dir dabei, die Informationen optimal zu nutzen. Ob du dieses Buch gekauft oder geliehen hast, egal in welchem Format oder aus welcher Quelle: Du darfst dieses Material für deinen persönlichen Gebrauch kopieren.

Kapitel 1: Wie sind wir hier gelandet? Der Käfig der Harmoniesucht

- Was bedeutet „emotional erschöpft" für dich? Wie erlebst du diesen Zustand? Welche persönliche Erfahrung hat dich dazu veranlasst, dieses Buch zu lesen?
- Glaubst du, dass du auf Kosten deiner eigenen Bedürfnisse auf die Bedürfnisse anderer eingehst? Wenn ja, warum ist das so, und welchen Preis zahlst du für diese Angewohnheit?
- Denke an den „Käfig der Harmoniesucht". Auf welche Weise fühlst du dich durch dein Streben nach Harmonie eingesperrt? Verspürst du einen Druck, es anderen recht zu machen, und wie reagierst du darauf?

- Glaubst du, dass du dich gut um dich kümmern kannst und in Sicherheit bist, wenn du herausfindest, wie man dich lieben kann?
- Mit welchen guten Eigenschaften oder Verhaltensweisen könntest du dich mögen?

Kapitel 2: Kultur: Wie Frauen ihr Wesen abgesprochen wird

- Denke an die im Buch erwähnte Angst, für die eigenen Bedürfnisse verurteilt und kritisiert zu werden und einen Stempel aufgedrückt zu bekommen. Welchen der genannten Stempel (anspruchsvoll, nervig, fordernd, kontrollsüchtig, bedürftig usw.) fürchtest du am meisten und warum? Wie passt du dein Verhalten an, um nicht in dieser Form abgestempelt zu werden?
- Kennst du den Druck, nichts brauchen zu dürfen? Hast du manchmal das Gefühl, dass du nicht verlangen darfst, dass eine andere Person deinetwegen ihr Verhalten ändert?
- Wenn du nicht mehr in der Defensive leben würdest, um solchen unangenehmen Bezeichnungen und Urteilen aus dem Weg zu gehen – wie würdest du dich verhalten und wie würde dein Leben sich verändern?

Kapitel 3: Familie: Wie wir lernen, was wir brauchen dürfen (und was nicht)

- Denke an das familiäre Umfeld in der frühen Kindheit, das starken Einfluss darauf hat, wie wir zu unseren eigenen emotionalen Bedürfnissen stehen. War es bei dir zu Hause kein Problem, eigene Bedürfnisse zu zeigen? Wie oft oder wie sehr wurden deine emotionalen Bedürfnisse deiner Meinung nach in der Familie erfüllt: Meistens, in gewissem Maße, kaum oder gar nicht?

- Glaubst du, dass die Einstellung deiner Herkunftsfamilie zu Bedürfnissen noch heute deine Überzeugungen und dein Verhalten in Bezug auf Bedürfnisse beeinflusst?

Kapitel 4: Grundüberzeugungen

- Findest du, dass für deine emotionalen Bedürfnisse andere Menschen zuständig sind? Fühlt es sich für dich unfair oder peinlich oder wie eine Strafe an, wenn du dir deine Bedürfnisse selbst erfüllen musst?
- Fühlst du dich mitunter unter Druck, eine perfekte Frau zu sein? Welche Eigenschaften oder Qualitäten verbindest du mit der Vorstellung der perfekten Frau? Fühlst du dich unter Druck, diesem Standard zu entsprechen? Wie macht sich das in deinem Leben bemerkbar?
- Denke an die im Buch erwähnten Grundüberzeugungen in Bezug auf Bedürfnisse. Welche der beschriebenen Überzeugungen bringt in dir am stärksten etwas zum Klingen?

Kapitel 5: Self-Care als Lösungsansatz

- Was bedeutet der Begriff Selbstfürsorge für dich?
- Wie kümmerst du dich um dich selbst? Fühlst du dich unter Druck, stärker auf dich zu achten, oder fühlst du dich schuldig, wenn du es nicht tust?
- Was wäre ein Beispiel für „äußerliche" Self-Care (wie es hier im Buch bezeichnet wird), die dir guttut? Inwiefern profitierst du davon?

- Tust du häufig Dinge, weil du es solltest – und nicht, weil du es willst? Mit welchen *sollte*-Argumenten motivierst du dich?
- Was hast du in letzter Zeit getan, nur weil du selbst es wolltest und nicht aus einem anderen Grund?

Kapitel 6: Self-Care als Augenöffner

- Wenn du an Massage denkst, was kommt dir dabei in den Sinn? Lässt du dich massieren? Wenn ja, was bringt dir das? Gibt es in deinem Leben etwas, das dir Erfahrungen vermittelt, wie die Autorin sie beim Thema Massage erläutert? Wenn ja, was ist das?

Kapitel 7: Alle Facetten des Selbst annehmen

- Denke an die im Buch erwähnte echte Selbstfürsorge im Sinne einer freundlichen Akzeptanz des ganzen Selbst, auch jener Aspekte, die wir nicht für liebenswert oder unattraktiv halten. Welche Aspekte an dir lehnst du ab, weil sie in deinen Augen zu bedrohlich, zu erschreckend oder zu hässlich sind, um sich damit anzufreunden?
- Wie stehst du zu deinem Ärger? Gestattest du dir, wütend zu sein? Unterdrückst du deine Wut, machst du dich darüber lustig, oder ignorierst du das Gefühl? Wie machst du deinem Ärger Luft, wenn es nötig ist, und was tust du, damit er vergeht?

Kapitel 8: Die Rückeroberung des Selbst

- Ist es deine Schuld, wenn etwas schief geht oder jemand unzufrieden ist? Kannst du nur schwer ertragen, dass jemand unglücklich ist, insbesondere deinetwegen? Fällt es dir schwer, ungute Situationen nicht zu bereinigen?
- Betrachtest du dich selbst als verbesserungswürdig? Glaubst du, dass du immerzu daran arbeiten solltest, ein noch besserer Mensch zu werden, wie es die Autorin erklärt? Welche Folgen hat diese unermüdliche Selbstverbesserung, und was könnte Schlimmes passieren, wenn du damit aufhörst?
- Welche Gedanken oder Gefühle steigen in dir auf, wenn du an das empfohlene Eigenlob denkst? Welche Risiken hätte es, positiv über dich selbst zu sprechen (ohne dich gleich dafür zu entschuldigen)? Welche Aspekte von dir würdest du gerne häufiger voller Stolz zeigen? Nimm dir jetzt einen Moment Zeit, dich selbst zu loben. Wie fühlt sich das an?
- Im Buch wird erwähnt, dass wir uns selbst zum Ziel erklären sollen. Was bedeutet das für dich, und inwiefern weichst du davon ab, dein eigenes Ziel zu sein?
- Welche Empfindungen und Gedanken hat die Geschichte von der Gazelle in dir ausgelöst? Wonach suchst du, obwohl es längst in dir steckt?

Kapitel 9: Ehrlich bleiben

- Die Autorin spricht darüber, wie schwer es Frauen fällt, ehrlich zu bleiben, ohne ihre Botschaft vorsichtshalber hübsch zu verpacken. Wie fühlt es sich für dich an, ganz bei dir zu bleiben und deine Ansicht zu äußern – besonders, wenn deine ehrliche Meinung unpassend oder unerwünscht sein könnte? Auf welche Weise passt du deine Wahrheit an oder verwässerst sie, um sie verdaulicher zu machen oder Konflikten aus dem Weg zu gehen?

- Was hast du bei den Geschichten von Fiona, Astrid und Hazel und ihren Vorgehensweisen empfunden? Kamen sie dir spannend, inspirierend, ermutigend oder gefährlich vor?
- Würdest du gern schnörkellos aussprechen, was dir wichtig ist? Wenn ja, wie könntest du heute den ersten kleinen Schritt wagen?

Kapitel 10: Das eigene Drehbuch schreiben

- Inwiefern lässt du zu, dass die Sichtweise anderer Menschen (oder die Vorstellung, wie diese dich sehen könnten) deine Selbstachtung oder gar Identität bestimmt? Warum erscheint es riskant, für dich einzustehen?
- Was könnte es in deinem Leben bedeuten, konsequent zu dir zu stehen? Wie würde sich dein Leben verändern, wenn du es ohne Wenn und Aber verdient hättest, gut für dich zu sorgen?
- Was ist dein wichtigstes Resümee aus diesem Buch? Inwiefern hat sich deine Einstellung zu dem, was du brauchst, verändert? Inwiefern hat sich deine Selbstwahrnehmung verbessert?
- Und ganz besonders wichtig: Wie möchtest du deine Erkenntnisse künftig anwenden, konkret im Kleinen, aber auch im Hinblick auf deinen Lebensentwurf? Mit welchem Schritt könnest du heute anzufangen?

Über die Autorin

© Nancy Colier

Nancy Colier ist Psychotherapeutin, Autorin, konfessionsübergreifende Seelsorgerin und Vortragsrednerin. Sie hat sich viele Jahre mit östlicher Spiritualität auseinandergesetzt und ist zu einer Vordenkerin in den Bereichen Achtsamkeit, Wohlbefinden und Umgang mit digitalen Medien geworden. Colier ist auf *Good Morning America*, in *The New York Times*, *USA Today* und anderen Medien präsent und bloggt regelmäßig für *Psychology Today* und *HuffPost*. Sie hat mehrere Bücher geschrieben. *Wenn die Gedanken wieder kreisen* wurde auch ins Deutsche übersetzt.